폴 리쾨르의 『해석의 갈등』 읽기

세창명저산책_051

폴 리쾨르의 『해석의 갈등』 읽기

초판 1쇄 인쇄 2017년 6월 1일
초판 1쇄 발행 2017년 6월 10일
–
지은이 양명수
펴낸이 이방원
기획위원 원당희
편집 홍순용 · 김명희 · 이윤석 · 안효희 · 강윤경 · 윤원진
디자인 손경화 · 전계숙   **마케팅** 최성수
–
펴낸곳 세창미디어
출판신고 2013년 1월 4일 제312-2013-000002호
주소   03735 서울시 서대문구 경기대로 88 냉천빌딩 4층
전화 02-723-8660   팩스 02-720-4579
이메일 edit@sechangpub.co.kr   홈페이지 http://www.sechangpub.co.kr/
–
ISBN 978-89-5586-487-8 03130

이 도서의 국립중앙도서관 출판시도서목록(CIP)은 서지정보유통지원시스템 홈페이지(http://seoji.nl.go.kr)와
국가자료공동목록시스템(http://www.nl.go.kr/kolisnet)에서 이용하실 수 있습니다. CIP제어번호: CIP2017011946

세창명저산책_051

양명수 지음

폴 리쾨르의 『해석의 갈등』 읽기

세창미디어
MEDIA

머리말

프랑스의 사상가 폴 리쾨르Paul Ricoeur, 1913-2005는 철학은 곧 해석학이어야 한다고 본다.

인간이란 어떤 존재인가, 인간은 누구인가, 나는 누구인가. 우리는 이런 물음에 대해 자연과학이 답하는 시대에 살고 있다. 진화론과 진화생물학, 분자생물학, 물리학과 천체물리학, 화학과 유전학이 인간에 대한 정보를 끊임없이 내놓고 있다. 그런 정보를 모두 합하면 인간을 다시 구성할 수 있을까? 리쾨르는 인간은 과학 이상의 존재라고 본다. 밖에서 주어지는 정보로 나를 알 수는 없다. 삶의 진실은 과학적 사실 이상이고, 삶의 진리는 내 안에 있다. 적어도 앎과 행함에서 나를 거치지 않은 진리는 없다. 리쾨르는 이런 철학 전통을 반성철학이라고 부른다. 소크라테스 이후 서양 철학은 반성철학인데, 특히 17세기에 이르러 데카르트는 '나는 생각한다, 그러므로 존재한다'는 명제를 선언하며 생각하는 나를 진리의 핵심에 두었다. 리쾨르는 서양철학의 역사를 코기토 전통이라고도 부른다. 신을 진리로 본 신학자 아우구스티누스마저도 신의 자리를 내 안의 안이라고 했다. 내면의 원리, 곧 반성철학 안에는 서구의 그리스도교 신학도 포함된다.

그런데 리쾨르는 인간의 자기 이해가 해석을 통해서 이루어진다고 본다. 그는 반성철학의 전통을 존중하면서 근대의 교만해진 주체를 수정하고자 한다. 데카르트 이후 후설에 이르기까지 서구의 관념론은 내면의 원리를 극대화해서 인간의 직접적인 자기 이해를 말했다. 나를 곧 진리로 보려고 하는 현상학은 내가 나를 이미 잘 알고 있다고 본다. 그러나 데카르트나 후설의 선험적 자아에는 내용이 없고 삶이 없다. 생각하는 나의 존재의 확실성은 확실하지만, 그러나 내가 누군지는 확실하지 않다. 리쾨르는 삶을 말하고자 한다. 삶을 살아가며 내가 형성된다. 내가 누군지는 삶이 말해 주는데, 삶이란 억압과 고통과 무의미를 이길 힘을 찾으며 이루어진다.

나는 고통과 무의미를 이길 힘을 가리키는 말로 '존재

의 힘'이라는 용어를 사용해서 이 해설서를 썼다. 리쾨르가 이 말을 많이 사용하지는 않는데, 그가 많이 쓰는 '존재'라는 말을 존재의 힘으로 이해해야 되는 경우가 많다. 나는 이 용어를 핵심용어로 보고 리쾨르 사상을 정리했다. 존재의 힘이라는 말은 하이데거가 말하는 '존재'를 포함하고 스피노자의 코나투스, 즉 '존재하려는 노력'도 포함할 수 있는 좋은 용어이다. 이들은 리쾨르가 중시하는 학자들이다. 그러나 리쾨르 사상을 설명하기 위해 이 용어를 사용할 때에는 그 의미가 하이데거나 스피노자의 생각보다 확장된다. 존재의 힘이란 쉽게 얘기해서 인간으로 하여금 살 수 있게 하는 힘이요, 의미 있게 살게 하는 힘을 가리킨다고 보면 된다. 인간을 구원하는 힘이다. 정치·경제적인 소외를 극복하는 힘, 가치로부터의 소외를 극복하는 힘, 죄의식을 극복하는 힘, 무의식의 억압을 극복하는 힘 등을 모두 존재의 힘이라고 볼 수 있다. 자유, 사랑, 정의 같은 말들이 존재의 힘을 담고 있는 말로 볼 수 있다.

　진리는 존재의 힘이고, 리쾨르에 따르면 의미의 기원이 되는 존재의 힘은 내 의지나 의식 너머에 있다. 그리고 나는 그 존재의 힘과 교통하며 나를 이해한다. 존재의 힘과 교통하는 방식이 바로 해석이다. 리쾨르의 해석학은 언어 철학이라고도 할 수 있는데, 존재의 힘이 언어로 터져 나와 인간을 부르고 있다고 보기 때문이다. 사람은 그 부름에 이끌려 언어와 텍스트를 풀어 존재의 힘과 교통한다. 그 교통을 통해 존재의 힘을 얻으며 인간은 자기 이해에 도달한다. 자신을 가능성으로 이해할 때 인간은 자기를 이해했다고 할 수 있다. 사람과 존재의 힘을 매개하는 언어는 대체로 개념 언어가 아니라 풀어야 되는 언어들, 곧 신화와 상징 언어를 가리킨다. 리쾨르는 자연과학이 주도하는 비신화화의 시대에 신화를 말하고, 합리적 개념 언어의 시대에 신비하고 풍성한 상징 언어에 주목한다. 그래서 리쾨르의 해석학은 상징 철학이다. 리쾨르의 철학은 인간의 자기 이해가 텍스트 해석을 통해 이루어진다고 보는 점에서 해석학이고, 해석의 대상이 되는 텍스트가 상징 언어이므로 상징 철학이다. 상징 언어란 고대 신화와 성서 같은 종교 텍스트, 프로이트의 꿈과 시 언어를 포함한다. 존재의 힘이 터져 나와 언어가 막 발생하는 지점의 언어가 상징 언어이다. 더 나아가 문학과 삶의 이야기도 상징 언어에 속하고, 건축과 예술 작품들도 해석의 대상인 상징적 텍스트가 될 수 있다.

『해석의 갈등*Le Conflit des interprétations*』(1969)이라는 책 제목은 여러 가지 다른 해석의 방법들이 서로 다른 지점에서 존재의 힘을 찾으며 부딪치고 있음을 가리킨다. 해석 방법의 차이는 인간이 당면한 고통과 억압 그리고 무의미를 보는 관점의 차이에서 생긴다. 무의미의 정체를 보는 관점에 따라 추구하는 존재의 힘의 모습도 달라진다. 같은 얘기지만, 추구하는 존재의 힘이 달라서 해석 방법의 차이가 생긴다고도 할 수 있다. 프로이트의 정신분석학과 헤겔의 정신현상학, 종교현상학과 그리스도교 신학이 서로 다른 존재의 힘을 찾아 서로 다른 관점과 방법을 가지고 텍스트와 문화적 산물을 해석한다. 정신분석학과 정신현상학은 근대 이후에 출현했지만 그리스도교 신학은 유대교 전통 이래로 오랜 해석의 전통을 가지고 있다. 리쾨르는 그리스도교의 해석학 전통을 종교 철학적으로 소화해서 그 안에 정신분석학과 정신현상학을 포함하여 해석학 체계를 세운다고 할 수 있다. 물론 리쾨르는 그리스도교 전통 못지않게 하이데거의 존재론을 통해 다양한 존재의 힘을 포괄하기도 한다. 하이데거를 중심으로 보면 그리스도교 신학은 여러 가지 해석방법 중의 하나이고, 그리스도교 신학에서 보면 하이데거가 여러 가지 해석방법 중의 하나이다. 독자들은 리쾨르가 이들의 학문을 어떻게 종합하는지 보게 될 것이다.

이 책에서 주목할 주제 중의 하나가 해석의 순환 또는 해석학적 순환이다. 이것은 방법과 진리의 순환을 가리킨다. 해석의 순환은 먼저 방법이 진리를 결정하는 측면을 말한다. 주체가 어떤 방법을 선택해서 해석하느냐에 따라 존재의 힘이 다르게 드러난다. 오직 해석을 통해서만 진리가 드러난다. 생각하는 주체의 노력이 있을 때 감추어진 진리가 자기를 드러낸다는 말이다. 그런데 해석의 순환은 동시에 반대 측면도 말한다. 주체가 하는 생각은 진리가 언어를 통해 불러일으키는 것이다. 다시 말해서 해석의 방법을 들고 존재의 힘을 찾아 텍스트를 해석하는 주체의 노력은 존재의 힘에 이끌려 일어나는 일이다. 해석은 진리의 힘에 이끌려 이루어진다. 그렇게 방법과 진리의 순환이 있다. 근대

이후에는 방법이 진리를 결정한다는 쪽을 강조했는데, 리쾨르는 해석의 순환을 통해 비의지적인 존재의 힘이 인간의 주체적 노력을 이끈다는 점을 강조한다.

이 책에서 나는 『해석의 갈등』에 들어 있는 리쾨르의 사상을 정리하고 해설했다. 리쾨르 사상을 이해하는 데 도움이 되는 사상가들의 경우에는 좀 더 자세한 설명을 붙였다. 예를 들어 칸트와 장 나베르와 하이데거의 사상에 대해서는 리쾨르가 이미 전제하고 자기 생각을 전개하는 부분이 많다. 나는 독자의 이해를 돕기 위해 이 해설서에서 세 사람의 사상을 좀 더 자세하게 소개했다. 물론 리쾨르의 주장을 이해하는 데 도움이 되는 한도 안에서 이루어진 일이다. 아우구스티누스나 불트만 같은 신학자들에 대해서도 마찬가지이다. 『해석의 갈등』은 논문을 주제별로 엮은 책으로서 전부 5장으로 되어 있다. 이 해설서는 1장에서 리쾨르의 학문 여정을 소개하고, 2장에서는 『해석의 갈등』의 전체 구도를 설명했다. 그리고 3장부터는 『해석의 갈등』의 다섯 개의 장을 순서에 따라 해설했다.

오래 전부터 리쾨르를 공부하고 번역한 사람으로서 그의

사상을 잘 설명하는 책을 내야 한다고 생각했었는데, 이번 해설서를 통해 일단은 짐을 조금 더는 느낌이 든다. 세창미디어 관계자들께 감사드린다.

2017년 5월 봄이 오는 길목을 바라보며
한뫼재에서
양 명 수

| CONTENTS |

1장
폴 리쾨르의 학문 여정과
『해석의 갈등』

　폴 리쾨르는 20세기의 가장 중요한 철학자 중 한 사람으로 꼽힌다. 그는 흔히 해석학자로 분류되지만, 리쾨르에 따르면 철학 자체가 곧 해석학이라고 할 수 있다. 큰 철학자들이 그렇듯 리쾨르 사상도 철학사의 중요한 인물들을 꿰뚫고 자기 방식으로 연결한다. 아리스토텔레스와 아우구스티누스, 데카르트와 칸트, 헤겔과 프로이트, 후설과 하이데거, 마르크스와 니체, 야스퍼스와 레비나스, 소쉬르의 구조주의와 영미 분석철학, 종교학자 엘리아데와 신학자 칼 바르트와 불트만과 몰트만, 존 롤즈와 한나 아렌트 등 여러 분야의 사상과 대화하며 인간의 자기 이해라고 하는 철학의 기본과제를 해석학으로 풀어내고자 했다. 그러므로 그의 사상은 현상학과 해석학, 정치철학과 역사철학, 윤리학과 신학, 언어학과 문학 등 다양한 분야에 영향을 주고 있다.

폴 리쾨르는 1913년 프랑스 중부의 발랑스Valence에서 태어났는데, 어머니는 그가 태어난 지 얼마 안 돼서 죽고 고등학교 영어교사였던 아버지는 그가 두 살 때인 1915년에 1차 대전 전투 중 사망했다. 그는 어린 시절을 조부모와 친척 아주머니의 돌봄 속에서 보냈다. 그의 집안은 개신교 신앙을 가지고 있었다. 독서를 좋아했던 리쾨르는 1933년 이른 나이에 고등학교 교사가 되어서 가르치는 일을 시작했다. 그가 대학교수가 된 것은 1948년이니 역시 이른 나이라고 할 수 있다.

청년 시절 그는 가브리엘 마르셀Gabriel Marcel이 주관하는 모임에 참석하여 종교를 철학으로 말하는 법을 배웠다. 그는 그리스도교 사회주의 운동에도 가담했으며 신학으로는 칼 바르트Karl Barth의 영향을 받았다. 1932년에 제출한 석사학위 논문 제목은 프랑스의 반성철학자들을 다룬 「라슐리에Lachelier와 라그노Lagneau의 신 문제에 적용된 반성의 방법」

이었다. 1935년에는 소르본 대학에서 교수자격 시험에 통과한 직후에는 「사회혁명을 위해 그리스도와 노동자들을 연합하는 혁명적 그리스도인들」이라는 제목의 논문을 처음으로 잡지에 실었다. 이것을 보면, 리쾨르의 철학은 초창기부터 사회를 변화시키는 실천적 관점을 지니고 있음을 알 수 있다. 그의 철학은 사회변화를 위한 철학이라고 할 수 있으며, 거기에 그리스도교 정신이 깊이 관계하고 있다. 철학의 기원은 철학적인 것에 있지 않다고 하는 그의 주장은 서양 철학의 배후에 있는 그리스도교를 염두에 둔 측면이 크다. 실제로 리쾨르는 성서본문을 주석하기도 하고, 현대신학에 영향을 줄 만한 중요한 글들을 썼다. 물론 그는 철학자로 남았지만, 철학이 철학 너머의 차원에 기대고 있다는 것은 그의 변함없는 신념으로 상징 철학과 해석학으로 발전하게 된다.

그는 2차 대전이 발발한 1939년에 징집되었으며 1940년에 전쟁 포로가 되었다. 포로 생활 중에도 그는 철학 모임을 가졌으며, 야스퍼스와 후설을 공부할 수 있었다. 1945년에 포로에서 해방된 후 파리로 돌아오자 가브리엘 마르셀의 영접을 받았으며, 1947년에 그의 첫 번째 책을 출판했다. 『칼 야스퍼스와 실존 철학』이라는 제목인데, 포로생활을 함께 겪은 듀프렌Mikel Dufrenne과 공동집필한 책이다. 이 책으로 그는 1948년에 스트라스부르 대학의 철학 교수가 될 수 있었다. 스트라스부르 대학에서 가르치면서 그는 신학대학의 로저 멜 교수와 교제하며 성서연구 모임에 참여했으며, 잡지 『에스프리Esprit』의 창시자인 인격주의자 에마뉘엘 무니에Emmanuel Mounier와 교류하며 공동생활을 한다. 1950년에는 박사논문인 『의지적인 것과 비의지적인 것Le Volontaire et l'Involontaire』을 출판하는데, 이것은 그가 기획한 '의지의 철학' 시리즈의 첫 번째 책이다. 1957년에 그는 소르본 대학의 교수로 부임하게 된다. 1960년에는 '의지의 철학' 두 번째 책을 『유한성과 죄성Finitude et culpabilité』이라는 제목으로 출간하는데, 두 권으로 구성되어 있다. 1권은 『잘못하기 쉬운 인간 L'homme faillible』이라는 제목이고, 2권은 『악의 상징La symbolique du mal』이다. 악의 문제를 다루면서 리쾨르는 현상학의 한계를 제기하고, 해석학의 여정에 접어든다. 상징철학이 시작되는 것도 이 지점이며, 종교를 다루게 되는 것도 악의 문제 때문이다. 원래 '의지의 철학' 시리즈는 세 번째 책으로 『의지의 시학Poétique de la volonté』이 예정되어 있었으나 불발로 끝났다. 의지의 철학이 완성되지 않은 것은 해석학 쪽으로 방향을 틀었기 때문이다.

1964년에 리쾨르는 유대인인 레비나스Lévinas와 가톨릭 교도인 친구 뒤프렌을 초청해 소르본을 종교철학의 중심지로 만들고자 했으나 뜻대로 되지 않았다. 1965년에는 프로이트의 정신분석학을 철학적 해석학의 관점에서 분석한 책 『해석에 관하여De l'interprétation, Essai sur Freud』를 출간했으나, 라캉Lacan과 그의 제자들의 분노를 사고 주목을 받지 못했다. 한편 낭테르 대학(파리 10대학)이 만들어지면서 리쾨르는 인문대학의 학장으로 부임했는데, 1970년 당시 68운동의 여파가 한창일 때, 제자에게 정신주의자라고 모욕을 당했다. 1969년에는 콜레주 드 프랑스Collège de France의 교수직을 두고 미셸 푸코Michel Foucault와 경쟁했으나 패했다. 같은 해에 해석학적 관점의 논문들을 모아 『해석의 갈등』을 펴냈다. 한편 리쾨르는 파리 낭테르 대학에 있을 당시에 벨기에 루뱅 대학과 미국의 시카고 대학 신학대학원Divinity School

에 나가 강의를 했으며, 1970년에는 시카고 대학의 유명한 신학자 폴 틸리히Paul Tillich의 후임으로 석좌교수직을 수락하고 1992년까지 강의했다. 여기서 종교학자 엘리아데와 여러 신학자들과 교류했다. 『해석에 관하여』는 미국에서 『프로이트와 철학Freud and Philosophy』로 번역되어 큰 호응을 받았다. 1975년에 『살아 있는 은유Le métaphore vive』를 출판했다. 1979년에는 낭테르 대학의 교수직을 사임했다.

1983년에는 『시간과 이야기Temp et récit』 1권을 출판하고, 1985년에는 같은 책 2, 3권을 출판했다. 1986년에는 해석학 논문집인 『텍스트에서 행동으로Du texte à l'action』를 출판했고, 프랑스의 세계적 일간지인 르몽드Le Monde지는 이 책을 유럽지성계의 위기를 돌파할 수 있는 책으로 평가하며 리쾨르의 사상 여정에 경의를 표했다. 이 책은 자살한 아들 올리비에Olivier Ricoeur에게 헌정되었다. 1990년에는 주체의 아이덴티티 문제를 다루며 인간의 가능성에 대해서 논한 『남 같은 자기 자신Soi-même comme un autre』을 출판했다. 르몽드 디플로마티크Le Monde diplomatique지는 이 책을 데카르트 이후 서구의 인간 행위에 관한 모든 견해를 포괄한 책으로 평가했다. 리쾨르 철학의 모든 관점을 포괄한 대작이라고 할 수 있다. 『남 같은 자기 자신』 이후의 마지막 대작은 2000년에 펴낸 『기억, 역사, 망각La mémoire, l'histoire et l'oubli』이다. 이것은 역사철학에 관한 책이다. 그사이에도 많은 책을 출판했으니, 1991년부터 1994년까지 『강의Lectures』 1-3권을 출판했다. 1995년에는 『정의Le just』를 출판하고 1997년에는 『이데올로기와 유토피아L'idéologie et l'utopie』를 출판했다. 1998년에는 『성서를 생각함Penser la Bible』을 구약학자 앙드레 라콕크 André Lacocque와 공동 저술했으며, 1999년에는 『성서해석학 Herméneutique biblique』을 출판했다. 폴 리쾨르는 세계의 여러 나라에서 30여 개의 명예 박사학위와 이름난 상들을 받았다. 1994년에는 미국 의회에서 주는 클뤼게 상을 받았다. 인문학의 노벨상이라고 부르는 상이다.

『해석의 갈등』은 1969년에 나온 책이다. 리쾨르가 자신의 철학의 중심을 해석학으로 전환한 1960년 이후 10년 동안의 관련 논문을 모아 펴낸 책이다. 리쾨르 철학의 해석학적 전환은 1960년의 『악의 상징』에서 시작된다. 악의 상징 결론에서 리쾨르는 유명한 명제를 말한다. "상징은 생각을 불러일으킨다." 철학적 사유는 상징이 불러일으키는 작업이어야 한다. 다시 말해서 합리적이고 개념적인 사유를 하는 철학이 상징 언어와 신화로 눈을 돌려야 한다고 선언한 것이다. 이것은 철학의 기원을 철학 밖에서 찾으려는 의도에서 생긴 것이다. 소크라테스와 아우구스티누스, 그리고 근대의 데카르트와 칸트, 후설에 이르기까지 철학은 인간의 자기 이해의 문제를 다룬다. 그런데 리쾨르는 내가 누구인지는 직접적인 자기의식으로 알 수 있는 것이 아니라고 본다. 나는 나를 찾아야 한다. 내가 누구인지는 이룩하는 것이지 이미 확실한 게 아니다. 상징과 신화, 그리고 크게 보면 언어를 매개로 인간의 자기 이해가 일어난다. 말을 듣고 말을 하면서, 또 언어 해석을 통해서 인간은 자기 이해의 여정에 나선다. 그러므로 리쾨르의 해석학적 전환은 직접적인 자기 이해의 확실성을 말하는 데카르트 전통에서 벗어난다. 리쾨르가 『해석의 갈등』에서 말하는 가장 유명한 명제는 다음과 같다. "내가 있다는 것은 확실하지만, 그러나 내가 누군지는 확실하지 않다." 자기의식을 통해 나를 이해하려고 하는 반성철학은 여전히 중요하다. 소크라테스 이래로 인간의 내면을 거치지 않은 진리를 인정하지 않는 코기토 전통은 여전히 중요하다. 그러나 의식되는 자기 모습이 확실한 자기가 아니라는 점에서 리쾨르는 근대 의식철학의 전통을 수정하고자 한다.

이것은 인간이 그렇게 자신만만한 주체가 아니라는 말이기도 하다. 인간은 한계의 존재이다. 인식으로는 내가 나를 잘 모르고, 실천으로는 자기 통제가 잘 되지 않고 잘못과 허물에 싸여 있는 존재가 나다. 폴 리쾨르는 실천의 문제, 특히 악의 문제에 있어서 현상학의 철학적 한계를 느끼며 상징철학으로 넘어간다. 현상학은 인간에 대해 악의 가능성까지는 말할 수 있으나 악의 현실에 대해서 말하지 못한다. 두렵고 이해하기 어려운 고통과 인간의 과오, 즉 악의 현실은 신화와 상징으로 표현되어 있다. 신화는 비존재의 위협 앞에서 존재하고자 하는 노력의 산물이다. 현대인들이 사실이 아니라고 버린 신화와 상징은 인간의 근본 경험을 담고 있다. 인간의 근본 경험을 담고 있는 신화는 무의식의 언어로서 인간의 자기 이해를 위해 중요하다. 악의 문제와 함께 리쾨르는 인간의 자명한 자기의식이 아니라 상징에 의해 이끌리는 생각, 곧 해석을 통해 얻게 되는 자기 이해를 말한다. 상징과 신화에 대한 리쾨르의 관심은 나중에 이야기를 통한 인간의 자기 이해의 문제로 발전한다. 『시간과 이야기』에서 말하는 유명한 '이야기 정체성identité narrative'이 바로 그 문제를 다룬다.

1960년에 『악의 상징』을 통해 해석학적 전환을 이루기 전에는 리쾨르의 작품에 해석학이라는 말이 등장하지 않는다. 그럼에도 불구하고, 『의지적인 것과 비非의지적인 것』에서 비의지적인 것을 말할 때, 이미 해석학으로 넘어갈 여지를 보였다. 리쾨르가 비의지적인 것을 말할 때는 인간 행동이 욕망과 관습 그리고 감정에 의해서 이루어지는 것을 지적한 것이다. 서양 철학사에서 의지라고 한다면 이성적 욕망을 가리킨다. 의지란 실천이성으로서 감정에 치우치지 않고 바르게 욕구하고 행동하는 능력을 가리킨다. 앎보다는 의지에서 인간의 한계가 뚜렷하게 드러난다. 리쾨르가 자신의 학문을 인식이 아닌 의지의 철학으로 시작할 때, 이미 인간의 한계를 말하고 싶었던 것이다. 선험 철학에서 말하는 실천이성으로서의 의지는 대개 감정을 누르고 도덕법에 따라 행동하는 능력을 가리킨다. 그러나 리쾨르는 인간의 행동이 무의식적인 관습과 감정의 지배를 받는 현실에 주목했다. 그것이 비의지적인 것이다. 리쾨르에게서 철학이란 부정적인 인간 현실 속에서 긍정과 희망을 찾는 작업인데, 희망을 단순히 인간 이성과 의지에서 찾을 수 없다. 더구나 관습과 감정에 악이 섞여 있을 수 있으므로 인간은 무의식적으로 자기도 모르게 악을 피할 수 없는 존재이다. 관습에 들어 있는 악을 밝히는 데는 아우구스티누스와 마르크스가 기여했고, 감정을 제어하고 이성적으로 행동하는 문제는 스토아학파 이후 칸트에 이르기까지 인문주의자들의 관심이었다. 리쾨르는 이성의 능력을 가지고 있음에도 불구하고 한계 속에서 과오를 저지르는 인간 현실을 철학의 주제로 삼았다. 리쾨르가 이성의 자기완성을 통한 절대지를 말하는 헤겔보다 이성의 능력과 한계를 같이 중시한 칸트를 좋아하는 까닭이 거기에 있다. 그는 칸트를 한계의 철학자라고 부른다. 그 점에서 리쾨르의 해석학은 비판철학의 모습을 지니고 있다. 물론 리쾨르는 상징 철학자이며 해석학자로서 칸트의 의무 윤리에 갇히지 않는다.

그 점에서는 칸트의 의무 윤리를 더 큰 자유의 구도 속의 한 단계로 보는 헤겔의 의지의 철학에서 배운다.

해석학을 통해 리쾨르는 인간의 자기 이해가 '어떻게' 일어나는지를 말하고자 한다. '어떻게'에 해당되는 것이 해석이요, 그 해석을 주제로 삼아 연구하는 학문이 해석학이다. 이해의 문제를 다룬다는 측면에서 해석학은 인문학적 인식론이라고 할 수 있다. 이해는 앎의 일종이기 때문이다. 그러나 해석이 낳는 앎은 인간의 자기 이해 또는 삶의 이해를 다루는 것이므로 자연과학적 앎과 다르다. 인간은 자연과학의 지식을 통해 자기를 이해할 수 없다. 사람은 뇌 과학이나 진화생물학 등 밖에서 주어진 지식이 아니라 자기의식을 통해 자신을 이해한다. 이것은 오랜 반성철학의 전통이기도 하지만, 근대 자연과학의 출현 이후 이해의 문제에서 주객 관계를 분명하게 거부한 전통은 딜타이의 생철학과 장 나베르의 반성철학, 후설의 현상학과 하이데거의 존재론이다. 리쾨르는 이들을 모두 해석학 전통에 끌어들이는데, 그런 점에서 리쾨르의 해석학은 현상학 전통 안에 있다고 할 수 있다. 자연과학적이고 객관적인 앎을 통해 인간을 알았다고 할 수 없다는 점을 분명히 한 현상학 전통을 중시할 때, 리쾨르는 해석학을 현상학에 접붙인다는 표현을 쓴다. 그러나 리쾨르가 말하는 인간의 자기 이해는 의식보다 깊은 존재의 힘에 이끌려 이루어진다. 그 점에서 리쾨르는 하이데거의 이해의 존재론을 해석학의 큰 기둥으로 중시한다. 하이데거는 이해의 문제를 존재의 방식으로 보면서 해석학적 순환을 말하기 때문이다. 이해의 존재론은 인간의 직접적인 자기 이해를 거부하며 현상학이 관념론이 되는 것을 막는다.

그러나 리쾨르는 하이데거와 달리 방법과 진리의 순환이라고 하는 큰 원을 그린다. 진리가 힘을 가지고 해석을 이끌지만, 동시에 해석 주체가 취하는 해석 방법을 통해 진리가 알려지고 자기 이해가 이루어진다. 방법이란 문서와 언어를 해석하는 여러 가지 차원의 방법들을 가리킨다. 성서 주석학이나 정신분석학, 정신현상학, 구조주의, 상징 이론 같은 것들이 여기에 해당된다. 책 제목이 가리키는 '해석의 갈등'이란, 삶의 진실에 접근하는 여러 가지 해석 방법들이 서로 부딪치는 것을 의미한다. 예를 들어 종교를 놓고 정신분석학의 해석과 종교현상학의 해석이 다르고, 헤겔의 정신현상학 구도 내에서 종교를 보는 시각이 또한 다르다. 프로이트가 정신분석학을 가지고 문화 해석학을 구성하는 방식과 헤겔이 절대정신의 자기 전개의 관점에서 문화를 해석하는 방식이 다르다. 리쾨르는 여러 학문의 해석 방법들을 하나로 연결해서 인간의 자기 이해의 구조를 보여 주는 것을 철학적 인간학의 과제로 본다. 해석학은 철학적 인간학이다.

폴 리쾨르에게 해석은 언어 해석이면서 본문 해석이요, 텍스트 해석이다. 해석의 대상이 되는 언어를 상징 언어라고 한다. 상징 언어의 일차의미로부터 이차의미를 풀어내는 작업이 해석이다. 그래서 폴 리쾨르의 해석학은 일종의 언어철학이요, 상징철학이기도 하다. 『해석의 갈등』에서도 언어학에서 다루는 의미론을 끌어들이고 구조주의와 기호학을 다루는 이유가 거기에 있다. 다만 리쾨르에게서 언어는 구조주의와 달리 언어에 갇히지 않는다. 돌고 도는 낱말의 의미차이로 언어가 구성되는 것은 아니다. 언어는 삶을 표현하고 삶의 의미를 드러내며 인간의 자기 이해를 일으키는 매개체이다. 삶의 의미는 언어를 매개로 탄생하고, 인간은 언어 해석을 통해 삶의 의미를 찾는다.

2장
해석학의 세 가지 기원과
상징 철학

폴 리쾨르는 해석학의 문제가 이미 주석을 통해 발전되어 왔다고 본다. 그리스 신화에 대한 플라톤 철학자들의 해석, 교회 전통에서 내려온 성서 주석, 그리고 유대인들의 종교문서 주석 등이 서구에 축적된 해석 전통이다. 그러한 주석에서 특히 그리스도교 신학자들은 해석학을 위한 기본 이론들을 발전시켰다. 아우구스티누스는 『그리스도교 교리De Doctrina Christina』나 『영과 문자De spiritu et littera』에서 기호와 의미의 문제에 대해 중요한 논의를 진행했다. 성서의 본문을 이해한다는 것은 본문이 말하고자 하는 영적인 가치와 삶을 이해하는 것이다. 그리스도교의 주석학 전통에서는 본문의 의미가 단지 언어의 뜻이 아님을 밝혔다. 분문의 의미는 본문이 말하고자 하는 것에서 찾아야 한다. 말은 기호이지만, 그 기호가 담고 있는 사전적 의미를 넘어 말이 말하고자 하는 것이 있다. 이해란, 말이 말하고자 하는 어떤 현실을 잡아내는 것이다. 그런 이해의 과정이 해석이다.

한편 그리스도교의 성서 주석학 말고도 18세기 말과 19세기 초에 등장한 고전 문헌학과 딜타이의 '역사과학'이 해석학을 철학의 문제로 만드는 데 기여했다. 자연과학이 한창 기승을 부릴 무렵인 1900년에 딜타이는 「해석학의 기원」이라는 논문을 발표했다. 거기서 그는 과거의 사건들을 이해하는 역사인식이 어떻게 일어나는지를 인식론적으로 고찰하고자 했다. 칸트가 『순수이성비판』에서 외부 사물과 사태에 대한 자연과학의 인식론을 정립했듯이, 딜타이는 정신과학의 인식론을 정립하려고 했다. 문서로 남겨진 역사적 유산을 이해한다는 것은 현재의 정신세계와 과거의 정신세계가 만나서, 본문을 읽는 사람이 본문을 통해 전달된 어떤 삶을 이해하는 것이다. 삶이 언어로 표현되어 이해의 대상이 된다. 삶의 행위들이 이미 무엇을 뜻하고, 언어는 그 뜻을 언어에 담아 표현한다. 그리고 독자는 그 언어를 통해, 그 언어가 표현하고자 한 과거인들의 삶을 이해한다. 그래서 리쾨르는 말한다. "만일 삶이 처음부터 무엇을 뜻하지 않는다면 이해는 아예 불가능할 것이다"(32)*. 삶은 그냥 흘러가는 게 아니라 어떤 보편적 의미를 지향하고 성취한다. 그 의미를 담은 문화적 산물들이 후대의 해석을 통해 후대와 교통하는 것이다.

마지막으로 해석학 전통에서 또 하나의 큰 줄기는 하이데거의 존재론이다. 리쾨르가 해석학을 자기 이해의 문제로 보려고 하는데, 하이데거의 존재론이 그 이해 문제를 다룬다. 하이데거의 존재론은 객관주의를 벗어난다는 점에서 후설의 현상학과 연결되어 있다. 객관주의 비판은 후설의 현상학에서 확실하게 정립되었다는 점에서, 하이데거는 후설에 근거를 두고 있는 면이 있다. 그러나 묻는 실존과 물어지는 존재의 해석학적 순환을 말하는 점에서 현상학과

---

* 괄호 안의 쪽수는 폴 리쾨르, 양명수 역, 『해석의 갈등』(한길사, 2012)의 쪽수를 가리킨다.

다르다. 더구나 '나의 존재'를 두고 현상학은 '나'에 중점을 두지만 하이데거는 '존재'에 중점을 둔다. 묻는 자인 나는 물어지는 것, 곧 존재의 부름에 이미 귀속되어 있다. 리쾨르의 해석학이 하이데거의 존재론과 만난다는 것은, 결국 해석학적 순환을 현상학에 접목하는 것이라 할 수 있다. 리쾨르는 포스트모더니즘과 달리 근대의 코기토 전통에 바탕을 두고 있으므로 후설의 현상학을 중시한다. 그러므로 하이데거의 존재론으로 간다고 해서 현상학 전통을 버리지는 않는다. 그래서 리쾨르의 해석학을 가리켜 현상학적 해석학이라고 부른다. 그러나 의식과 자기 이해를 동일하게 보는 현상학과 결별하는 하이데거를 취함으로 리쾨르 해석학은 의식철학에서 벗어난다.

하이데거는 딜타이와 달리 이해의 문제를 인식론의 문제로 보지 않고 존재론의 문제로 본다. 하이데거가 볼 때 인간의 자기 이해란 "존재에 대한 개방"이다. 그리하여 "이해는 앎의 형태가 아니라 존재의 형태이다." 인간은 이미 자신이 존재에 귀속되어 있는 방식으로 자기를 이해하고 있다. 하이데거 철학은 인간의 자기 이해가 자기의식 너머의 어떤 존재의 힘에 이끌려 이루어진다는 점을 말하는 데 상당히 유용하다. 리쾨르는 하이데거의 존재론을 끌어들임으로써, 인간주의적인 주체철학과 관념론적인 주관주의를 수정한다. 그리고 동시에 인식론과 방법론도 결국은 삶의 의미 물음에 봉사하는 것으로 보겠다는 점을 확실히 하는 셈이다.

그러나 하이데거는 이해를 위한 다양한 해석의 방법을 무시하고 이해를 곧바로 존재의 형태로 보았다. 해석학이 성립하려면 방법의 문제와 언어의 문제가 부각되어야 한다. 하이데거는 해석을 아우스레궁Aus-legung이라고 보았으니, 이미 알고 있는 존재 이해를 밖으로 내는 것이 해석이라고 했다. 그러나 리쾨르는, 한편으로 이미 진리의 밝힘이 있지만 다른 한편으로 해석하는 주체의 해석방법에 따라 진리가 다양한 차원에서 밝혀진다고 본다. 리쾨르가 말하는 해석의 순환은 해석하는 주체를 중심으로 전개되는 방법과 진리의 순환이다. 리쾨르는 삶의 진실을 찾는 여러 가지 해석방법들을 주목한다. 해석을 통해 다가가려는 존재의 힘이 무엇인지에 따라 해석 방법이 다양하다. 『해석의 갈등』에는 갈등을 일으키는 다양한 해석방법으로 정신분석학, 정신현상학, 종교현상학, 신학 등을 다루고 있다. 그런 방법들은 각각 무의식과 절대정신 그리고 거룩한 존재나 사랑의 신 등을 존재의 힘으로 제시한다.

　프로이트의 정신분석학은 주체를 의식으로 보는 관점을 허문다. 정신분석학에 따르면 우리 의식을 의미 생산의 원천으로 보는 것은 부인된다. 내가 의식하는 나는 내가 아니다. 무의식의 욕망과 충동이 억압된 상태로 꿈이라고 하는 상징 언어로 나와 자기 이해의 길이 시작된다. 나를 알려면 무의식의 언어를 해석해야 한다. 그런 면에서 프로이트는 의식을 바탕으로 전개된 코기토 전통의 '주체의 축소'를 가져온다. 한편 리쾨르는 해석의 운동으로 인도하는 해석방법으로 정신분석학과 대조적인 정신현상학을 거론한다. 정신분석학은 '의미의 기원'을 주체 뒤, 곧 과거에 두어서 주체의 고고학archéologie du sujet이라 부른다. 헤겔의 정신현상학은 의미의 기원을 미래에 두어서 주체의 목적론téléologie du sujet이라고 부른다. 현재의 의미는 역사의 나중에 알 수 있다. 지금 인류가 살며 만드는 문화 활동의 의미는 장차 올

것에 의해서 밝혀진다. 지나 봐야 현재의 의미가 밝혀진다. 인간의 언어활동과 생각은 자신의 작품과 문화를 미래의 빛에서 해석하여 의미를 찾는 작업이다(50). 그러니까 언어와 생각이 이미 해석이요, 그런 의미에서 해석운동은 선험적이다. 정신분석학과 정신현상학은 선험적으로 발생하는 해석의 요구와 해석의 운동을 보여 준다. 리쾨르는 후설의 절대의식이나 선험적 자아를 내용 없는 공허한 것으로 보고, 선험적 자아 대신에 선험적 이중의미의 논리를 주장한다. 한편 리쾨르는 종교현상학을 또 하나의 해석방법으로 존중한다. 인간이 전혀 다룰 수 없는 거룩한 무엇이 사람을 부르고, 있게 한다. 리쾨르는 '주체의 이탈'이 종교 차원에서 가장 크게 일어난다고 본다(51). 거룩한 무엇은 프로이트가 말하는 아르케보다 더 밑이고, 헤겔이 말하는 텔로스보다 더 위다. 거룩한 무엇이 사람을 불러 세우는 것이지 사람이 스스로 서는 것이 아니다. 그 부름 안에서 사람은 욕망하고 존재하고자 노력한다. 이런 모든 해석 방법은 존재의 힘이 표상으로 나온 언어들을 해석하는 방법이다.

삶은 무엇을 뜻하고 그 뜻은 의미의 기원이 되는 존재의 힘에서 힘을 받아 나온다. 인간의 삶이 뜻하는 그 뜻은 언어로 표현된다. 말의 뜻을 이해하면서 인간은 무의미를 이기고 존재 가능의 빛에서 자기 이해에 도달한다. 사람은 언어를 통해 언어 덕분에 "자리를 잡고se situer, 자신을 내밀며se projeter, 자신을 이해한다se comprendre"(296). 그러므로 '나는 누구인가?'의 물음은 '말하는 자는 누구인가?'의 물음으로 간다. 언어의 의미는 반성과 연결되어서만 중요하다. 의미론 sémantique은 언어학 차원에 머무르지 않고 해석과 반성을 통해 말이 말하고자 하는 것을 찾아 삶의 뜻을 찾고 새로운 자기 이해에 도달한다.

리쾨르의 해석학은 상징 언어의 해석을 가리키기 때문에 상징 철학이라고도 부른다. 물론 인간의 언어 자체가 상징이라고도 할 수 있다. 언어 자체가 사물과의 즉자 상태에서 벗어나 거리를 두는 것이기 때문이다. 그러나 리쾨르는 특별히 이중 의미를 지닌 언어, 곧 겹뜻을 가진 언어에 주목한다. 의미의 기원이 되는 힘은 언어를 통해 자신을 드러내지만 동시에 숨기 때문이다. 일차 의미를 풀어서 그 속에 감추어진 이차 의미를 찾는 것이 해석이다. 말이 말하고자 하는 것을 찾아 말을 풀어야 한다. 상징 언어는 풀어야 되는데, 푸는 방법이 해석의 방법들이다. 푸는 방법이란 인간으로 하여금 말하게 하는 어떤 힘들을 찾는 방법들을 가리킨다. 다시 말하면 의미의 원천이 되는 것을 찾는 방법들이다. 그 원천적인 힘들과의 만남이 인간 정체성의 기반을 이룬다. 리쾨르가 말하는 자기 정체성이란 적어도 직업이나 가족사항이나 사회적 지위 같은 것을 가리키지 않는다. 생명과 삶의 의미를 형성하는 어떤 근원적 힘들과 얽혀서 형성된 인간의 모습들을 가리킨다. 논리적인 언어가 많아진 현대에 상징을 다시 찾는 것은, 존재 망각을 넘어 거룩한 존재를 다시 만나려는 것이다. 언어가 막 발생하는 지점에 다가가고, 철학을 위해 철학 이전으로 돌아간다. 그리하여 현대 정신에 반격을 가해서 "거룩한 존재에 붙어 있던 인간"을 회복하고자 한다(321). '거룩한 존재'라면 종교현상학이나 신학적 해석학에 적용되는 말이지만, 모든 해석 방법이 가리키는 존재의 힘을 가리킨다고 보면 된다. 프로이트의 무의식과 헤겔의 정신을 종합할 수 있는 존재의 힘은 거룩한 존재 또는 사랑의 신이기 때문이다. 적어도 『해석의 갈등』에서 리쾨르는 그렇게 본다. 리쾨르는 합리적 철학 전통을 포기하지 않지만, 이성의 바탕이 되는 존재의 힘에 다가가고자 한다. 철학 언어는 그 언어를 탄생시킨 신비한 무엇을 해석한 것이고, 그것을 향해 첫 번째 디딤돌을 놓은 것이다(331).

철학적 생각 이전에 상징이 불러일으키는 생각을 중시한다. 그 생각은 해석과 함께 일어나며 어떤 신념과 믿음에 의해 이끌린다. 리쾨르는 상징의 힘과 생각의 힘을 양립시킨다. 근원적인 존재의 힘 또는 의미의 기원이 어둠에 싸여 있지만 언어로 표현되어 있다. 존재의 힘을 드러내면서 감추는 언어, 그것이 상징이다. 리쾨르의 유명한 명제 중 "상징은 생각을 불러일으킨다"는 이 명제는 두 가지를 뜻한다. 첫째, 생각을 일으키는 것은 내가 아니라 상징이다. 의미는 내가 만드는 것이 아니라 상징이 불러 준다. 철학은 철학 이전으로 돌아간다. 둘째, 그러나 상징이 불러일으키는 것은 생각이다. 내가 생각하는 일은 여전히 중요하다(322). "상징이 우리를 이끌 것이다. 그와 동시에 생각이 책임지고 자유롭게 의미를 이끌어 내고 의미를 이룩한다"(335). 어떤 의미의 세계로 이끌림을 받으면서 의미를 이룩한다. 여기서 리쾨르는 믿음과 이해의 순환을 말한다. 아우구스티누스가 신 인식을 놓고 신앙과 이해의 순환을 말했는데, 리쾨르는 그것을 해석학에 적용한다. "믿어야 안다. 그러나 알아야 믿는다." 리쾨르가 해석학에서 말하는 믿음이라는 것은 상징의 힘, 곧 생각을 불러일으키는 힘에 이끌리는 것을 가리킨다. 여기서 상징의 힘이란 상징이 가리키는 존재의 힘으로 보면 된다. 그러나 주체는 그렇게 이끌리면서 생각하여 진리를 자기 나름대로 안다. 그것이 해석이다. 그렇게 해석의 주체로서 믿음의 세계에 참여한다. 해석을 통해서만 믿을 수 있다는 것은 비판이성 이후의 근대적 믿음이다. 해석을 통해 생각하는 믿음 안에서 진리를 알게 된다. 그러나 해석을 통해 아는 것은 이미 알고 있던 진리를 자기 것으로 삼는 것이다. 해석 이전에 이미 전이해가 있다. 그 전이해가 믿음을 불러일으키고, 믿으면서 해석하여 전이해가 구체적인 자기 이해가 된다. 믿기 전에 이미 알고 있다는 것은, 주체의 바탕이 되는 거룩한 존재와의 교통을 인정하는 것이다. 전이해의 문제는 거룩함을 잊은 근대를 극복한다. 존재의 힘을 의식과 의지 밖에서 찾고 믿음을 말하는 것은 원시성인데, 다만 이차 직접성 또는 이차 원시성의 형태로 거룩한 존재와 만난다. 해석과 반성을 통해서만 믿음의 세계에 들어간다는 말이다. 거룩한 존재와의 교통도 해석과 반성을 통해서 일어나는 고백이라고 해야할 것이다. 그러므로 해석의 순환은 근대를 극복하고 거룩한 존재와의 관계를 회복하되, 해석학적 주체를 인정하면서 하려는 것이다. 다른 측면으로 보면 주체를 정립하되, 근대를 극복하면서 해석학적 주체를 말하고자 하는 것이 리쾨르의 상징철학의 의도이다.

다시 정리하면 이렇다. 인간으로 하여금 말하게 하는 힘은 존재의 힘이요, 존재의 힘이란 인간으로 하여금 무의미를 이기고 살게 하는 힘이다. 또는 고통과 억압이라는 악을 이기고 살게 하는 힘으로 보면 된다. 근원적인 존재의 힘은 인간의 의식과 의지에 앞서 실존의 바탕을 이룬다. 그러한 존재의 힘이 인간의 존재욕망과 노력을 이끌고 의미의 기원이 된다. 의미의 기원은 인간의 자기의식 밖에 있는데, 앞에서 말한 대로 정신분석학은 인간의 무의식에 들어 있

는 충동과 욕망에서 의미의 기원을 찾는다. 헤겔의 정신현
상학은 역사의 완성을 향하는 객관정신에서 의미의 기원을
찾는다. 그리고 종교현상학과 그리스도교 신학에서는 거
룩한 존재 또는 신이 인간으로 하여금 말하게 하는 의미의
기원이다. 해석 방법이 다양한 까닭은 해석을 통해 찾고자
하는 의미의 기원이 그처럼 다양하기 때문이다. 의미의 기
원이 되는 힘이 상징 언어를 낳고, 그 상징을 해석함으로써
인간은 의미의 기원이 되는 힘 앞에서 자기를 찾는다. 거기
서 인간은 자기가 누군지 자기 이해에 도달한다. 의미의 기
원이 되는 힘은 감추어져 있으며 말로 다할 수 없다. 그래
서 상징으로 표현된다. 상징은 의미의 기원을 드러내면서
감춘다. 감추어진 것을 밝히는 작업이 해석이다. 중요한 상
징 언어들은 의미의 기원이 되는 힘을 드러낸다는 점에서,
존재하고자 하는 욕망과 노력을 표현한 것이다. 그리고 인
간의 자기 이해란 그 표현을 해석함으로써 존재하고자 하
는 자신의 욕망과 노력을 이해하는 것이다. 비존재의 위협
앞에서 존재하고자 하는 욕망과 노력이 원초적 긍정을 이
룬다고 볼 수 있다. 또는 존재의 힘이 원초적 긍정을 이룬

다고 볼 수도 있다. 해석이란 그 원초적 긍정을 자기 것으로 삼으며 자기를 이해하는 일이다.

서구 철학에서 나는 매우 중요하다. 나를 거치지 않은 진리는 인정하지 않음이 이른바 서구 반성철학의 대전제이다. 내가 누군지 주체의 자기 이해와 무관한 진리는 없다. 내가 누군지를 생각하는 일이 구체적 반성인데, 리쾨르에 따르면 구체적 반성은 삶을 밖으로 표현하는 표현물들에 의해 매개된다. 그렇지 않은 직관은 공허하고 내용이 없다. 그래서 리쾨르의 해석학은 데카르트의 코기토를 가리켜, 생각하는 나의 존재가 확실하지만 내용이 없는 것으로 본다. 전기 후설에서 말하는 절대의식도 마찬가지이다. 그래서 리쾨르는 말한다. "반성이란 존재하려는 우리의 욕망과 노력을 증언하는 작품을 통해서 존재하려는 우리의 욕망과 노력을 잡아내는 것이다"(45). '우리의 욕망'이라고 했다. 이것은 우리를 거쳐 내가 이룩되는 것을 의미한다. 리쾨르 사상은 언제나 사회와 공동체, 그리고 타자를 염두에 두고 있다. 해석 행위는 문화적 유산과 전통 안에서 이루어지는 행위이다. 인간의 작품과 공동의 문화유산은 인간의 '존재하려는 노력과 욕망'을 증언한다.

리쾨르가 '존재'라고 할 때는 삶을 가리키기도 하지만, 삶의 바탕을 이루는 존재의 힘을 가리켜 그냥 존재라고도 한다. "존재는 여러 가지 방식으로 말한다"(94)고 할 때 존재라는 용어가 바로 그런 뜻으로 쓰인 것이다. 그것은 하이데거가 『존재와 시간』에서 말하는 존재를 가리키기도 한다. 실제로 리쾨르는 다양한 존재의 힘들을 포괄하는 용어로 하이데거의 존재라는 말을 사용한다. 하이데거의 존재론은 인간학을 넘어서 인간주체가 이미 의미의 기원에 귀속되어 있음을 말해 준다. 다시 말해서 인간은 해석하기 전에 이미 자신이 해석되고 있다. 자기의식 밖에 있는 의미의 기원에 의해 해석되고 있다. 자기의식이 의미의 기원이 아니라는 점을 포괄적으로 말하는 철학적 틀로 하이데거의 존재론만 한 게 없다. 정신분석학처럼 어떤 하나의 해석의 방법으로 밝혀지는 존재의 힘은 일정한 한계 안에서만 타당하다. 다양한 해석방법들이 다가가는 다양한 모습의 존재의 힘은 모두 하이데거의 '존재'라는 말 안에 들어온다. 뿐만 아니라, 언어가 존재의 힘에서 나오는 것임을 말하는 것도 하이데거이다. 하이데거의 언어 철학에서 상징은 존재의 말이다. 사람이 말하기 전에 존재의 힘이 말로 나오는 것이요, 리쾨르가 말하는 상징이 바로 그 차원을 가리킨다. '언어의 존재론적 기능'이라고 할 때, 리쾨르는 의미의 기원이 되는 존재의 힘을 드러내는 언어의 기능을 가리킨다. 그러므로 그는 하이데거의 이해의 존재론을 통해서 삶의 의미와 인간의 언어에 대해 통합적 평가를 내리려고 한다. 하이데거의 '말의 존재론' 또는 로고스 존재론을 향해 여러 가지 해석의 방법을 중재하고 여러 가지 학문을 통합한다.

그런데 하이데거의 이해의 존재론만 가지고 보면, 그것은 다양한 해석방법들에 의해 드러나는 인간의 다양한 자기 이해에 대해 말해 주지 못한다. 여러 가지 방법에 의해 밝혀지는 존재 이해와 자기 이해를 하나하나 거두어야 인간 현실과 경험을 고려하는 존재론이 된다. 그래서 리쾨르는 인식론과 방법론을 건너뛰고 바로 존재 이해에 귀속된 자기 이해를 말하는 하이데거를 수정한다. 해석하는 작업 없이 해석된 자기 이해란 없다. 나의 해석 작업을 통해서만 나는 이미 어떤 이해 안에 자리 잡혀 있다는 것을 알게 된다. 이것이 해석학적 순환이다. 여러 가지 해석의 방법을 거쳐 진리 문제로 간다면, "이해의 존재론은 미리 주어진 것이기보다는 하나의 지평 곧 겨냥하는 것 이상일 수 없다"(47). 다시 말해서 하이데거를 향해서 가지만 처음부터 하이데거를 취하지는 않는다. 여러 가지 해석 방법에 따른 다양한 존재의 힘에 도달할 수 있을 뿐이다. 한계가 있는 각기 다른 해석 방법론에 따라 밝혀지는 각기 다른 존재의 힘이 있을 뿐이다. 그것을 가리켜 리쾨르는 조각난 존재론이라고 한다. 리쾨르는 교만한 주체인 데카르트의 코기토를 상처 입은 코기토로 만들고, 하이데거의 존재론도 조각난 존재론으로 만든다. 그러니까 리쾨르의 해석학은 관념론적 주체와 존재론적 존재의 사이에 해석학을 넣어 그둘의 순환관계를 말한다.

이 책은 전부 5장으로 구성되어 있다. 여러 논문들을 주제별로 엮은 것인데, 1장은 구조주의를 다루고, 2장은 정신분석학과 해석학, 3장은 현상학과 해석학, 4장은 그리스도교 해석학으로서 악의 상징을 다루고 5장은 종교해석학 일

반을 다룬다. 이제 책의 순서에 따라 리쾨르의 주장을 이해
해 보자.

3장
구조주의와 해석학

    구조주의는 소쉬르의 언어학에서 출발했다. 1928년 헤이그에서 열린 국제 언어학자 대회에서 소쉬르가 처음으로 '체계의 구조'라는 말을 사용했다. 소쉬르의 언어학과 야콥슨 등의 음운학에서 출발한 구조주의는 레비스트로스의 구조주의 인류학으로 확대되고, 다시 기호학과 인문학 일반으로 그 영향력을 확대했으며, 라캉의 정신분석학과 알튀세르의 마르크스주의에도 영향을 주었다. 그리하여 구조주의는 하나의 사상이 되고 한 시대를 풍미하는 철학의 흐름을 형성했다. 자크 데리다를 비롯한 후기 구조주의자들은 이른바 포스트 모더니즘이라고 하는 거대한 사상 조류를 탄생시켰다.

　구조주의라고 묶을 수 있는 사상의 흐름은 모두 주체를 제약하는 공통점을 가지고 있다. 리쾨르 해석학이 주목하는 부분도 거기에 있다. 리쾨르는 구조주의가 사상이 되고 철학이 되는 데 반대한다. 진리를 인간 주체와 연관지어 보는 것이 철학의 사명이라고 보기 때문이다. 리쾨르의 해석학과 구조주의는 언어 철학에서 갈리는데, 구조주의는 해석학과 전혀 다른 측면에서 언어를 보고 있다. 리쾨르가 언어의 신비를 말한다면, 구조주의는 언어에 대해 과학적이고 객관적인 접근을 하고 있다. 물론 리쾨르의 해석학도 데카르트나 후설 같은 관념론적 주체를 제약하고자 한다. 주체를 제약하는 점에서 리쾨르는 구조주의적 언어관을 일부 받아들이고 해석을 위한 한 단계로 사용한다. 그러나 리쾨르는 구조주의를 인간 이해의 철학 차원으로 확장할 수는 없다고 본다.

　구조주의 언어학의 내용은 세 가지로 요약된다. 첫째, 랑그langue와 파롤parole을 구분하는데, 랑그는 사회의 약속인 객관적 언어 체계를 가리키고 파롤은 구체적 상황에서 의미 전달을 위해 사람이 말하는 행위를 가리킨다. 인간 언어의 핵심은 파롤 곧 말의 사건에 있지 않고 말하기 이전의 잠재적인 언어구조 곧 랑그에 있다. 둘째, 통시通時, diachronie 가 공시共時, synchronie에 종속된다. 랑그는 공시적이다. 공시적이란 시간의 흐름과 무관하게 늘 똑같이 작동되는 구조를 가리킨다. 통시가 공시에 종속된다는 것은 체계가 변화에 앞선다는 말이요, 사건과 변화란 체계 안에 무질서가 끼어든 정도 즉 체계 안에서의 변동에 지나지 않는다는 말이다. 사건은 구조의 부스러기에 지나지 않는다. 셋째, 언어는 차이로 이루어진 기호 체계에 지나지 않는다. 언어에는 비교 값만 있으며, 낱말들이 서로 의존하며 자체적으로 돌아간다. 그러므로 언어는 삶의 현실을 가리키는 매개체가 아니고, 낱말과 낱말의 차이에 의해 의미를 가지는 것이다. 언어 바깥의 세계란 없으며, 언어는 자체 안에서 충족적인 체계이다.

그러나 리쾨르가 볼 때 언어에는 내재와 초월이 있다. 내재는 폐쇄된 체계 내에서 차이에 따라 발생하는 언어의 뜻을 가리킨다. 구조주의는 언어의 내재적 의미효과를 말한다. 그것은 탈脫시간적이다. 그러나 언어는 어떤 시간에 어떤 사람이 하는 말이 되면서 언어를 넘어 삶을 가리키는 사건이 된다. 말이 말이 되려면 폐쇄된 기호 체계를 넘어서서 말이 말하고자 하는 것이 있어야 한다. 말의 초월성이란 말이 기호적 의미 값을 넘어 삶과 세상을 가리키면서 삶의 뜻을 지향하는 사건을 가리킨다.

리쾨르는 구조주의가 언어를 경험 과학으로 만드는 반면에 해석학은 명상에 가깝다고 본다. 해석학은 상징의 넘치는 뜻을 풀면서 자아가 풍성해고, 자기 이해와 존재 이해에 도달한다. 어떤 전통에서 사용한 상징이 이미 자기 이해와 존재 이해의 산물이고, 전통을 해석함으로써 새로운 자기 이해와 존재 이해에 도달한다. 해석을 통해 찾는 언어의 의미에는 역사와 전통이 들어 있다. 삶의 의미를 찾아 표현한 문화적 산물과 언어가 전통을 이룬다. 그것은 존재 이해와 자기 이해의 산물들이다. 그러한 문화적 축적물을 재해석하면서 인간은 새로운 자기 이해를 이룬다. 해석이란 재해석이고, 그런 점에서 해석을 통해 찾는 의미에는 역사가 들어 있다. 그리하여 해석학적 지성에는 공시가 아닌 통시가 중요해진다. 과거에 일어난 사건을 해석하고 재해석하는 시간의 흐름 속에서 해석학적 지성이 성립된다. 일어난 사건을 말로 하고 이야기로 꾸미는 언어 사건을 통해 삶의 의미를 찾는다. 그러므로 사건을 이야기하는 공동체의 언어 사건 자체가 이미 해석이다. 그리고 후대는 다시 그 이야기를 재해석하면서 의미를 찾고 자기 정체성을 찾는다. 이야기와 신화에는 뜻의 넘침이 있어서 언제나 새로운 해석을 연다. 구조주의의 랑그에는 이미 뜻이 정해져 있지만, 말하는 사건은 넘치는 뜻을 담고 있어서 해석을 기다린다. 일어난 사건과 그 사건에 대해 이야기하는 언어 사건을 연결하는 해석학적 관점은 해석학적 시간론으로 발전하게 되는데, 그 열매가 1980년대에 출판되는 『시간과 이야기』이다. 여기서 리쾨르는 현상학적 시간과 우주론적 시간을 종합해서 이야기된 시간le temps raconté을 말하고, 이야기 정체성identité narrative을 말한다. 우주론적 시간은 흘러가는 시간 곧 통시라고 할 수 있고, 현상학적 시간은 일종의 공시라고 할 수 있다. 물론 현상학에는 구조주의와는 정반대의 측면이 있지만, 시간을 말하자면 공시적인 면에서 같다.

해석학에서 이해의 대상은 자기 자신이고 삶이다. 언어의 의미를 풀면서 삶의 의미를 찾고 자신을 이해한다. 그러므로 해석학적 이해의 대상에 이미 자기가 속해 있다. 묻는 주체와 물어지는 것의 순환관계가 있다. 그러나 구조주의 언어 이해는 이해의 주체와 동떨어진 기호의 차이 값에서 생긴다. 객관적이고 과학적인 이해이다. 언어는 언어 체계 안에 갇혀 있으며, 삶의 현실을 지시하거나 삶의 뜻을 찾지 않는다. 이런 구조주의 언어 이해를 리쾨르는 해석학으로 끌어들여 주체가 자기와 떨어지는 과정으로 본다. 해석학적 주체는 자기를 찾기 위해 자기와 떨어져야 한다. 자기를 찾는다는 것은 삶의 의미를 찾아 그 의미와의 연관 속에서 자리 잡는 자아를 가리킨다. 해석학적 주체는 자기를 버리고 자기를 다시 찾는 것이며, 그 작업이 언어를 통해 이루어지므로 해석학은 언어철학이고 상징철학이기도 하다. 자기를 버리고 자기를 다시 찾는 작업은 언어의 일차 의미를 넘어 이차 의미를 찾는 것이다. 그런데, 언어의 일차 의미에 구조주의 언어법칙이 작동된다고 할 수 있다. 이런 언어학적 구조의 작용은 해석의 주체가 의식하지 못하는 상태에 일어난다. 그 점에서 리쾨르는 구조주의 언어학 법칙을 무의식에 견준다. 무의식적인 의미 체계요, 무의식적 하부구조이다. 그렇다고 프로이트의 무의식은 아니고 칸트의 무의식, 곧 인식 범주와 비슷하다. 언어가 실체가 아니라 형식이라고 말한 소쉬르의 견해도 그 점을 뒷받침한다. 프로이트의 무의식은 상징을 낳는 힘을 갖지만, 무의식적 하부구조로서의 구조주의 의미체계는 인간의 말이 어휘의 객관적 값어치를 반드시 거치도록 하는 역할을 한다. 언어가 자신을 초월해 존재의 힘에 가 닿으려면 언어 내재적 의미효과를 거쳐야 한다. 언어 차원에서 무의식이 작동하는 만큼 주체는 제약되고, 사회적 약속에 의한 의미효과에 의해 개인의 상상력은 제한된다. 물론 이 제한과 제약은 진리로 가기 위한 걸림돌이 아니라 디딤돌이다. 풍성한 의미를 가져오는 상징의 의미효과를 위해 구조주의적 의미효과가 일정한 역할을 한다. 다시 말해서, 정신적이고 영적인 의미를 찾는 해석학적 지성 안에서만 구조주의의 과학적 지성이 의미를 가진다. 랑그는 파롤로 가기 위한 것이며, 파롤 안에서만 랑그가 제 기능을 한다. 구조주의는 랑그와 파롤을 반대로 보지만, 리쾨르는 파롤 안에 랑그를 통합시킨다. 리쾨르가 구조주의를 생각하는 관점이 그렇다.

그러므로 구조주의는 자신의 한계를 인정하면 그 가치도 인정받을 수 있다. 리쾨르 해석학은 의미의 일반이론을 세우려고 한다(65). 언어의 의미를 통해 삶의 의미와 자기 이해를 찾는 작업이 해석학이고, 언어의 의미를 찾을 때 거치는 객관적인 단계가 구조주의이다. 구조와 해석은 서로 의미효과가 발생하는 수준이 다르다. 해석이 추구하는 의미는 텍스트의 의미이다. 리쾨르가 말하는 상징은 낱말이 아니라 문장과 텍스트에서 이루어진다. 텍스트는 문장보다 복잡한 의미 덩어리이다. 낱말이 아니라 문장이나 텍스트로 언어의 단위가 확장되면서 분명해지는 것은, 말이 말의 뜻을 넘어 삶을 뜻한다는 점이다. 리쾨르는 낱말이 아니라 문장 수준에서 인간의 언어 행위가 이루어진다고 보는 프랑스의 언어학자 에밀 벤베니스트Emile Benveniste, 1902-1976와 구스타프 기욤Gustave Guillaume, 1883-1960의 언어학에 주목한다. 그리고 언어의 역동성을 말하는 미국의 노엄 촘스키Noam Chomsky, 1928- 의 생성문법으로 자신의 주장을 뒷받침하고,

언어 값의 의미Sinn와 언어가 가리키는 현실의 의미Bedeutung
를 구분하는 독일의 논리학자 고트로브 프레게Gottlob Frege,
1848-1925의 주장을 끌어온다. 기호는 기호 밖의 세상을 가리
킨다. 세상에서 살아가는 삶을 표현하고 그 의미를 추구하
는 게 말의 기능이다. "말이란 우리 경험 가운데 생각할 수
있고 말할 수 있는 것을 표현하려는 끝없이 새로운 시도
다"(118). 상징은 말로 다할 수 없는 삶의 경험 또는 삶의 의
미가 말로 터져나가 이루어지고, 그러한 상징이 인간의 문
화와 언어세계를 이룬다. 예를 들어 꿈의 상징은 하나의 텍
스트로서 근원적인 욕망과 충동을 드러내고자 한다. 물론
드러내면서 감추기 때문에 해석의 대상이 된다. 종교적 텍
스트도 마찬가지이다. 성서에 나오는 출애굽 사건의 이야
기는 거룩한 존재 곧 신의 현존 앞에서 일어나는 인간의 자
기 이해를 말한다.

반면에 구조주의는 언어의 단위를 어휘에서 찾는다. 낱
말 단위에서 보면 그 의미는 다른 낱말과의 차이에서 결정
된다고 할 수 있다. 그레마스Gremas의 구조주의 의미론에서
는 낱말보다 작은 단위인 의미소까지 내려가 분석한다. 언

어의 단위가 작아질수록 엄밀함과 과학성이 증가한다. 그러나 "구조 분석으로 찾은 의미 단위는 아무것도 뜻하지 않는다. 단지 결합의 가능성을 지니고 있을 뿐이다. 아무것도 말하지 않고 결합했다가 갈라지곤 할 뿐이다." 구조주의에서 언어의 신비는 없다. 존재의 모호함과 존재의 신비를 드러내는 상징 언어의 신비에 대해 구조주의가 해 줄 말이 없다. 그러나 철학은 그 일을 해야 한다는 것이 리쾨르의 견해이다. 철학의 과제는 "말해진 존재 쪽으로 말을 여는 데 있다"(105). 언어에는 여러 층이 있다. 낱말과 음운론 차원에서는 구조주의가 작동할 수 있다. 말의 차원은 의미론이 적합하고, 텍스트 차원에서는 언어 존재론이 작동한다. 작은 단위로 내려갈수록 과학에 접근하는데, 인간은 과학 이상이다. 물론 구조주의는 문학 텍스트를 구조주의적으로 분석하기도 한다. 그러나 리쾨르는 우연히 구조로 분석되는 문학이 있을 수 있지만, 그것은 예외적이며 통하는 범위가 넓지 않다고 본다. 오히려 문학이야말로 인간의 언어라는 말뜻을 통해 삶의 뜻을 찾는 데 소명이 있음을 알려준다.

둘 중의 하나를 택하지 않고, 구조주의가 해석학에 봉사하도록 하는 것이 리쾨르의 전략이다. 구조주의는 말을 이루기 전의 잠재적 언어 체계 차원에서 기호를 보고, 의미론은 말하는 주체의 말이 생겨나는 지점에서 언어를 본다. 인간의 삶과 세상을 재현하는 일représentation을 언어의 기능으로 보는 것이 의미론이요, 텍스트 이론이다. 기호론은 언어학과 언어논리학에서 다루고 의미론은 말의 현상학 차원이다. 기호론은 낱말 차원에서 이루어지고 의미론은 문장 이상의 길이를 가진 말을 대상으로 한다. 기호론을 존중한다는 것은 사람이 순간순간 낱말의 의미를 먼저 정립한다는 얘기이다. 낱말만 떼어 놓고 보면, 아직 현실이 낱말에 담겨 있지 않고, 그런 점에서 언어의 관념적 차원이라고 할 수 있다. 그러나 낱말들이 모여 문장을 이루면, 낱말에 내용이 채워지고 현실을 지시해서 현실 이해를 낳는다. 소쉬르가 언어를 내용 없는 형식으로 본 것은 오직 낱말 차원에서만 일어나는 일이다. 낱말의 사전적 의미는 어휘들이 끝없이 자기들끼리만 관계하며 돌아간다. 그러나 낱말이 문장과 텍스트 속으로 들어갈 때 내용을 가지고 말이 되고 삶의 이야기가 된다.

리쾨르는 여기서 한 발 더 나아가 낱말에도 시간이 들어간다고 본다. 낱말조차도 구조주의 언어학의 전유물이 아니다. 낱말은 랑그에 그치지 않고, 랑그와 파롤이 교차되고 공시와 통시가 교차되고 무시간과 역사가 교차되는 지점이다. 다시 말해서 낱말은 기호론과 의미론이 끊임없이 교차되는 지점이다. 낱말을 가지고 문장이 만들어지면서 낱말에는 사전적 의미를 넘어선 의미가 담긴다. 다시 말하면 무시간적인 사전적 어휘의 의미가 시간 안에서 발생하는 문장과 텍스트로 들어오면서 현실을 가리키는 의미를 가진다. 그렇게 낱말에 담긴 의미는 문장이 사라진 다음에도 살아남는다. 어휘는 제한되어 있지만 문장은 무한하다. 그러나 문장은 말의 콘텍스트언제 누가 어디서 왜가 사라지면 사라진다. 그러나 문장이 사라져도 낱말은 살아남는다. 그리고 그 낱말에는 문장 속에서 차지했던 의미의 흔적이 들어 있다. 그래서 낱말의 사전적 의미도 점차 변하게 될 것이다. 세대에 따라 그리고 시대에 따라 사전이 새로이 편찬되는 이유 중의 하나도 거기에 있다고 할 수 있다. 구조주의 언어학의 방법은 낱말 차원에서 적합하지만, 그러나 리쾨르에 따르면 그 낱말마저도 그 낱말을 사용해서 말을 만든 주체의 의도가 들어가게 된다. 물론 말뜻이 통하려면 말하는 주체는 사회의 집단 주체에서 벗어나지 않아야 하리라. 그러나 어디선가부터 새로운 의미로 낱말을 사용하고 그게 통하는 말로 성립되어 갈 때, 낱말의 사전적 의미도 바뀌게 될 것이다. 구조주의자의 주장과 달리 낱말에도 의미 축적의 역사가 들어 있다. 낱말이 문장으로 나왔다가 다시 체계로 돌아갈 때 역사를 끌고 들어간다. 낱말은 여러 콘텍스트 속에서 여러 뜻으로 사용되었던 역사를 지니고 있다. 낱말의 여러 가지 뜻 때문에 은유가 가능하게 된다. 낱말에 담긴 뜻을 공시적으로 볼 때 다의적 낱말이 되는 것이다. 그러나 거기에는 이미 통시와 역사가 들어 있으며, 그런 낱말이 다시 통시적인 문장으로 나올 때 은유도 가능하게 된다.

구조주의가 언어의 신비에 대해 아무 말을 안 하지만 언어의 신비를 위해 봉사하는 역할은 있다. 구조의 객관성은 인간의 자기 이해를 향하는 반성의 한 단계로 볼 수 있다. 데카르트나 후설의 현상학은 직접적 자기 이해를 말하는

데, 그것은 내용이 없는 추상적 반성이다. 구체적 반성이란 사람들이 한 말의 뜻을 이해하며 자기 이해에 도달하는 작업인데, 리쾨르는 그러한 구체적 반성의 한 단계로 구조주의를 취한다. 언어의 구조는 인간의 의식과 의지 밖에서 무의식적 도구로서 반성의 매개 역할을 한다. 어휘의 객관적 질서 때문에 상징은 무한한 의미로 해석될 수 없게 된다. 어휘가 말로 될 때에 말 사건에 구조와 체계를 실어 나른다. 말이 무한한 의미를 갖지 못하게 하는 게 낱말의 사전적 의미이다. 말이 무한한 의미를 가진다면 아무것도 뜻하지 않으며, 상징의 풍요로운 의미효과도 없다. 최소한의 객관적 질서 없이는 풍요로운 해석학적 세계가 불가능하다. 기호의 일차 의미 없이 의미심장한 이차 의미도 있을 수 없다. 체계 안에서 차지하는 의미 값이 없다면, 체계를 넘어 말의 사건이 가져오는 변화의 역동성도 감지할 수 없다. 그러므로 랑그의 환경 속에서만 파롤의 사건이 발생한다. 상징은 말과 담론과 텍스트 차원에서 발생하는 의미효과이지만, 그 밑에는 기호의 작용이 있다. 통시적 역사의 흔적을 담고 있는 낱말의 공시적 다의와 공시적 구조가 통시적인 콘텍스트 속의 말이 되면서 상징의 의미효과가 발생한다. 그런 점에서 리쾨르는 구조주의를 해석학의 걸림돌이 아니라 디딤돌로 보고 해석학 안에 구조주의를 통합한다.

그러므로 리쾨르의 해석학은 구조주의와 언어 현상학을 통합한다고 할 수 있다. 관념론적 현상학이 아니라 언어 현상학이다. 현상학 쪽에서 언어를 말한다면, 언어는 의식에 의미세계를 가져다주는 핵심역할을 한다. 의식이 있고 그 의식이 대하는 세상이 있으며, 언어의 의미가 세상을 의미체로 만드는 역할을 한다. 의식과 의미 세계와의 매개체 역할을 언어가 한다. 언어 현상학을 통해서 리쾨르의 해석학은 현상학에 접목된다는 점을 분명하게 보여 준다. 그러나 현상학은 구조주의 언어학을 거쳐야 한다. 닫힌 기호세계로부터 시작해서, 구조주의의 전제들과 논쟁하며, 그러나 결국 언어 현상학은 언어가 언어 밖을 지시하는 점을 보인다.

아직 현실과 관련 없어 내용이 없는 기호의 텅 빈 세계, 그 자리에 리쾨르는 후설의 텅 빈 의식을 두려고 한다. 다시 말해서 구조주의와 후설을 접목시키는데, 그렇게 되면 후설의 선험적 환원은 랑그의 세계 곧 기호 세계로의 환원이 된다. 후설의 환원은 말이 나올 환경 곧 언어적 환경으로의 환원이다. 그렇게 함으로써 리쾨르가 노리는 것은 해석학적 주체이다. 주체는 "랑그가 파롤의 사건이 되면서 드러난다"(287). 이렇게 함으로써 리쾨르는 주체 형성에 언어를 집어 넣는다. 리쾨르가 말하는 주체는 말하면서 세계를 가리키고 세계를 만든다. 메를로퐁티의 현상학에서 언어를 말할 때, 언어는 이미 등장한 절대 주체를 가리키는 것에 지나지 않는다. 절대 주체의 절대 등장을 가리키는 매개체가 언어이다. 주체가 언어에 앞선다. 그러나 리쾨르에게 있어서 주체는 언어와 함께 등장한다. 선험적 환원을 통해 주체가 되는 게 아니라, 선험적 환원을 통해 공시적인 랑그의 세계가 생긴다. 랑그는 주체 바깥이다. 리쾨르는 이러한 기호의 출현을 자연 세계와 다른 의미 세계가 가능하기 위한 조건으로 본다. 후설이 말하는 선험적 의식은 주체 없는 언어 곧 랑그의 영역이다. "레비 스트로스가 말하는 대로 세계 전체가 단번에 무엇을 뜻하게 되는 언어의 출현을 통해 의식이 탄생하지만 거기에 꼭 주체가 필요한 것은 아니다"(291).

이처럼 리쾨르는 현상학의 선험적 환원을 랑그라는 언어 체계의 자리로 본다. 거기에는 아직 주체가 없다. 구조주의 언어학에서는 주체를 언어의 산물로 보고자 한다. 인간의 말을 랑그에 종속시키고, 주체도 랑그의 운용에 지나지 않는 것으로 보면서 주체의 실체성을 인정하지 않는다. 구조주의는 일종의 과학인데, 철학을 과학에 종속시킨다. 그러나 리쾨르는 과학적 언어관을 철학적 언어인 파롤이 탄생하기 위한 한 단계로 본다. 주체는 랑그가 아닌 파롤과 함께 탄생한다. 랑그는 언어의 한 단계에 지나지 않으며 언어의 핵심은 랑그가 아니라 파롤이다. 구조주의와 달리 리쾨르는 랑그가 파롤에 종속된다고 본다. 랑그는 파롤의 길을 열어 주는 역할을 한다. 다시 말해서 언어란 무언가 세상에 대해 말하는 데 그 본질이 있다. 그런 점에서 주체의 기원은 언어에 있지 않다. 주체는 언어로부터 출현하지 않으며, 다만 언어와 함께 출현한다고 해야 한다. 인간은 말하면서 주체가 되는데, 말하는 인간은 세상을 지시하면서 동시에 자기를 지시한다(292). 그것이 현상학적 해석학에서 말하는 주체이다. 랑그가 파롤에게 길을 터 주는 것은 무의식을 의식화하면서 주체가 탄생하는 것과 같다. 주체 바깥에서 출발하여 주체가 되는 것이다.

4장
정신분석과 해석학

　프로이트는 구조주의와 또 다른 의미에서 주체를 제한하고 무의식을 말한다. 구조주의에서 말하는 랑그는 언어행위의 하부구조를 이루는 무의식이다. 그런데 프로이트의 무의식은 표상과 언어가 터져 나오게 하는 충동의 힘을 가리킨다. 이것은 의식이 통제할 수 없는 것이고 자동으로 일어나는 일일 뿐만 아니라, 그 자체가 물리적이고 자연적인 힘이다.

1. 관념론 비판

리쾨르는 정신분석학을 철학적 관점에서 수용한다. 인간의 자기 이해를 말하는 반성철학을 위해 정신분석학이 공헌할 점을 찾아본다. 인간이 자기가 누군지를 아는 구체적 반성을 위한 길에 정신분석학을 수용한다. 반성철학이 프로이트에게서 한 수 배울 때 일어나는 변화를 보고자 하는 것이다. 데카르트 이후의 반성철학에서는 생각이 곧 존재이므로(201), 존재의 힘도 생각하는 주체에서 나온다. 그러나 프로이트에 따르면 존재의 힘은 성 욕망의 억압이 벌어지는 곳에서 찾아야 한다. 욕망의 억압과 억압의 회귀라고 하는 심리 에너지의 흐름 자체가 존재의 힘은 아니다. 그럼에도 불구하고 존재의 힘을 찾을 수 있는 곳은 충동의 단념과 관련된 힘들이 작용하는 자리이다. 무의식은 꿈의 표상으로 언어로 나올 준비를 하는데, 그것은 의식의 분석을 요청한다. 다시 말해서 무의식의 표상을 해석해서 의식화하는 작업이 존재의 힘을 갖는다고 할 수 있지만, 그러나 해석하는 의식을 무의식이 요청한다면 무의식 자체가 존재의 힘을 갖는다고 할 수 있다. 어떻든 충동 억압의 힘은 무의식을 이루며 의식 밖에 있다. 그렇다면 의식 밖에 있는 힘을 다루면서 주체의 의미 추구가 이루어진다. 리쾨르는 욕망의 의미론sémantique du désire을 가지고 프로이트를 철학 안으로 끌어들인다. 욕망의 억압과 억압의 회귀가 표상화되고 정서가 되어 텍스트를 이룬다.

프로이트의 정신분석학은 일종의 인식 비판인데, 자기이해에 대한 비판이다. 사물을 의심해서 의식의 확실성을 확보한 사람이 데카르트인데, 프로이트는 인간의 의식을 의심한다. 근대의 과학과 학문 가운데 인간의 나르시시즘에 가장 큰 충격을 주는 학문이 정신분석학이라고 프로이트 자신이 말했다. 나르시시즘은 자기 사랑을 가리키지만 인식론 측면에서 자기가 자기를 투명하고 분명하게 안다는 확신으로 나타난다. "의식 안에서 의미와 의미의 의식이 일치하는"(178) 데카르트의 코기토는 후설의 관념론적 현상학으로 이어져 근대 인간의 나르시시즘을 보여 준다. 프로이트는 그런 의식의 나르시시즘을 비판한다. 프로이트에 따르면 내가 의식하고 있는 나는 내가 아니다. 나를 알려면 무의식을 탐구해야 한다. 의식은 욕망과 현실 사이에서 깨어 있음이고 나 곧 에고는 욕망을 이긴 현실을 대변한다. 그러므로 내가 생각하는 나는 사회현실이 내 욕망을 이긴 전리품일 뿐이며, 나를 알려면 억압된 내 욕망을 알아야 한다. 에고의 기원은 이드에 있고, 의식은 나중에 생긴 것으로서 무의식에 그 원천을 두고 있다. 무의식은 감추어져 있으며 무의식을 감춘 자기의식은 일종의 허위의식이다. 자기 모습을 감추고 있기 때문이다. 그런 왜곡된 자기 인식을 파헤쳐서 무의식을 의식하도록 만드는 게 프로이트의 정신분석이다. 현상학에서 의식은 일차적으로 나의 의식이며, 내가 나를 아는 의식이다. 주체는 의식이라는 이름으로 자기에게 드러난다. 그러나 정신분석에서는 의식이 무의식을 인식하여야 자기 이해에 도달한다. 정신분석은 자아의식의 환상에 대한 비판이다.

그러므로 관념론적 현상학을 비판하는 데 프로이트의 철학적 공헌이 있다. 의식은 의미의 기원이 아니라는 점을 프로이트가 말하고 있다. 정신분석학의 관점에서 삶의 의미는 건강한 자아를 찾는 데 있다고 할 수 있다. 건강한 자아는 억압된 성 욕망을 해방하거나 현실에서 통하는 방식으로 승화해야 한다. 억압된 리비도 에너지는 의식화되지 못하고 무의식을 이루고 있다. 그러므로 무의미를 이기고 의미를 찾는 작업은 무의식을 다루는 일이 된다. 억압 때문에 생긴 무의미가 있는 곳에 의미가 있다. "정신분석은 무의미를 해석하는 일에서 시작한다"(218). 의미는 의식의 의미 생산 이전으로부터 구하고 찾아야 한다. 그때 나는 나를 알게 될 것이다. 의미의 기원이 의식이 아니라는 지적은 그 점을 말하는 것이다. 현상학자는 내가 의미를 지향한다고 하는데, 프로이트는 "나를 비껴가는 지향성"(127)을 말하고 있는 셈이다. 현상학은 모든 것을 나의 의식으로 환원하는데, 정신분석학은 의식을 무의식의 힘으로 환원한다. 거기에는 힘을 말하는 자연주의적 요소가 있으며, 의미효과의 퇴행을 말한다. 그 점에서 프로이트는 반反현상학적이고, 반성철학의 한계를 분명히 밝히는 셈이다. 현상학과 달리 나는 이미 나를 알고 있는 게 아니며, 나를 아는 것은 과제이다. 데카르트의 코기토는 나를 세우기는 했지만 나를 손에 넣지는 못한다. 나는 나 자신의 주인이 아니다(219). 나 곧 에고는 세 주인을 섬기는 불쌍한 피조물이다. 세 주인이란 이드와 초자아, 그리고 현실을 가리킨다. 심층에 흐르는 동기의 힘에 맡겨진 채 자기를 통제하지 못하는 의식은 일종의 노예와 같다. 정신분석은 그런 노예 상태를 의식화함으로써 자아를 해방하고 주인이 되고자 한다.

프로이트의 의식의 나르시시즘 비판은 도덕의식에 대해서도 새로운 견해를 내놓는다. 리쾨르가 해석학적으로 도덕양심의 기원을 찾는데, 프로이트의 도덕의식 계보학이 큰 역할을 한다. 도덕을 자유와 행복과 관련해서 분석하고 종합한 사상가가 칸트인데, 그는 근대의 의식철학을 여는 데 큰 영향을 주었다. 그러나 칸트는 도덕을 존재욕망의 큰 구도에서 생각하지 않았다. 적어도 칸트의 의무 윤리는 자유의 세 단계를 말한 헤겔의 의지의 철학 속에서 다시 위치를 잡아야 한다. 그리고 도덕의식을 비판한 의심의 철학자인 프로이트, 니체, 마르크스의 비판을 거쳐야 한다. 칸트는 인간 내면에 주어진 선험적이고 무조건적인 도덕법을 이성 사실이라고 했다. 그리고 모든 감성적 욕망을 버리고 이성 능력으로 순수하게 도덕법에 대한 존경심만으로 행동

할 의무를 주장했다. 의무에 맞을 뿐 아니라 의무에서 나온 행위만을 도덕적이라고 보았다. 이성의 숭고한 능력을 한 없이 올린 윤리가 칸트의 의무 윤리이다.

그러나 프로이트는 초자아 분석을 통해서 도덕의무의 기원에 전혀 다른 힘이 작동하고 있음을 밝혔다. 의식에서 활동하는 도덕의식은 의미의 기원이 되는 심리적 에너지가 일으킨 효과이고, 텍스트를 이룬다. 정신분석은 분석이라고 하지만 사실은 해석이다. 프로이트는 문헌해석을 통해 인간의 도덕의식 속에서 활동하는 형태들을 밝혔다. 그 결과 악을 정죄하는 인간의 양심 또는 의식은 리비도 에너지가 분배된 초자아의 결과임이 밝혀졌다. 욕망이 현실에 부딪혀 억압되고, 억압된 욕망이 이드와 초자아로 분배된다. 도덕의 계보학을 마련한 셈이다. 초자아는 욕망을 현실에 맞춘 이상적인 자아의 모습이다. 그러한 초자아는 숭고하고 밝은 빛의 세계가 아니라 은폐되고 어두운 욕망의 세계가 형태만 바꾼 것이다. 가장 밑에 있는 것이 가장 높은 데로 가서 자리를 잡았다.

프로이트가 볼 때 칸트의 의무 윤리는 욕망을 억압하고

은폐한 채 숭고함의 병을 앓고 있는 인간의 모습을 보여 준다. 순수한 도덕양심은 우울증의 구조와 닮았다. 발생학 모델에 따르면 칸트의 도덕법의 자리에 아버지가 있다. 정죄하는 도덕법의 기원에는 부친살해라고 하는 최초장면과 거기서 생긴 오이디푸스 콤플렉스가 있다. 오이디푸스 콤플렉스를 벗어나, 아버지를 제거하는 대신에 아버지와 동일시함으로써 욕망은 살아남고 동시에 아버지의 규율을 받는다. 아버지 형태를 취한 초자아의 진실이 거기에 있다. 그렇게 마련된 도덕의식이 승화의 핵심이다. 그러나 도덕의식은 무의식의 힘에 기원을 두어 나를 정죄하고, 그래서 나는 두려움에서 벗어날 위로를 찾는다. 그렇게 해서 아버지 형상의 신이 등장한다. 그러므로 칸트의 의무 윤리는 더 근원적인 차원을 추상화하여 합리적 틀 속에서 생각한 것이고 따라서 이차적이며 파생된 것이다(380). 칸트의 신 존재 증명도 마찬가지이다.

그러므로 프로이트는 윤리의 기원을 도덕의식보다 이전으로 돌아가 찾아야 한다는 철학적 효과를 제공한다. 자유와 행복의 문제는 의식이 무의식의 노예라는 데서부터 출발해야 한다. 물론 리쾨르는 윤리를 존재욕망이라고 하는 큰 틀에서 본다. 그때 존재욕망은 프로이트가 의미의 기원으로 본 성 욕망보다 더 근원적이다. 리쾨르가 볼 때 윤리는 존재의 힘을 회복하여 자유와 행복을 찾으려는 존재욕망과 존재 노력이다. 또는 그런 욕망과 노력을 내 것으로 삼고, 존재욕망의 깊이를 더 하는 것이 윤리이다(381). 그렇다면 윤리는 해석 또는 해석학적 반성과 일치한다. 그것은 프로이트의 무의식뿐 아니라 헤겔의 절대정신과도 연결되고, 종교와도 연결된다. 리쾨르의 해석학은 프로이트가 이룩한 도덕의 비신비화를 거쳐 다시 거룩의 상징이나 문화 상징에서 존재의 힘을 찾는 작업으로 나아간다.

2. 꿈의 해석

만일 무의식을 탐구하는 일이 언어를 통해 이루어진다면 정신분석학은 하나의 해석방법이 될 것이다. 말의 뜻을 이해하며 삶의 의미를 찾고 자기 이해에 도달하는 게 해석학의 여정이기 때문이다. 그런데 실제로 정신분석학은 충동과 욕망의 무의식이 표상화되어 있다고 본다. 프로이트의 임상작업도 증후와 꿈으로 표상화되어 있는 무의식을 분석한다. 프로이트 자신이 표상이라는 표현을 쓰는데, 표상은 아직 언어로 나오지 않은 언어를 기다린다. 언어로 나오지 않았다는 것은 꿈이 현실을 위장한다는 것이다. 무의식은 욕망의 진실을 드러내기를 거부하고 저항한다. 그러나 꿈의 방식으로 진실이 고개를 내민다. 위장된 형태로 진실이 드러난다. 꿈 상징은 진실을 드러내면서 감추고, 감추면서 드러낸다. 그래서 해석의 대상이 된다. 해석이란 드러난 것을 통해 감추어진 삶의 진실을 드러내는 일이다. 꿈 상징은 언어 상징이 아니지만 말할 준비가 되어 있다. 일종의 언어행위이다(224). 충동 자체는 자연적 힘이고, 일종의 물리적 에너지이다. 충동 자체는 알 수 없고 오직 충동과 억압을 대변하는 표상을 통해서 무의식에 다가간다. 그런 식으로 무의식을 경험할 수 있고 알 수 있다. 그 표상이 일종의 시니피에이고 언어에 맞먹는 의미효과를 가진다. 무의식은 표상과 정서와 증후를 통해 의식에 노출된다.

정신분석학이 리쾨르 해석학에 주는 도움은, 모든 것이

언어라고 하는 주장을 배척할 수 있다는 점이다. 구조주의 언어학에서는 의미의 실체나 주체를 배제하고 언어만 인정했다. 그러나 정신분석학에 따르면 언어는 충동의 억압에 뿌리를 내리고 있다. 고통스런 삶의 현실에서 벗어나고자 하는 존재의 힘이 무의식의 표상을 만들고 언어가 되어 나온다. 의지와 의식 이전에 무의식의 충동이 있으니, '나는 생각한다'보다 '나는 존재한다'가 앞선다. 그리고 언어가 존재의 힘에 뿌리를 내리고 있으니, '나는 존재한다'가 '나는 말한다'보다 앞선다(297). 리쾨르의 해석학이 궁극적으로 노리는 것은 말로 나오는 존재의 힘과 말하는 주체 사이의 순환 관계이다. '나는 존재한다'와 '나는 말한다'의 순환 관계이다. 그러나 적어도 정신분석학에서 분명히 드러나는 것은 언어가 언어학적 언어 밖의 존재의 힘에 뿌리를 내리고 있다는 점이다. 언어는 존재의 산물이요, 존재욕망과 노력의 산물이다. 언어는 존재에 속해 있고, "존재 안에 존재하는 방식이다"(297). 장 나베르의 반성철학이나 하이데거의 기초존재론에서도 언어를 존재의 힘에 뿌리를 내리고 있는 것으로 본다. 리쾨르가 그들을 가져와서 자신의 해석학을 공고히 하려는 이유도 거기에 있다.

그런데 무의식의 표상이 말로 나오려면 의식적 노력이 필요하다. 무의식은 무시간적이고 시간 안으로 들어오기를 거부하는 측면이 있다. 진리에 대한 저항이다. 다시 말해서 무의식은 의식이 되기를 거부한다. 그러므로 의식적 노력을 통해서만 무의식은 의식으로 나온다. 말로 나오기를 바라는 무의식의 존재의 힘은 말을 거는 말하는 주체에 의해서 말로 나온다. 임상치료의 경우에는 상담자의 도움을 입겠지만, 여하튼 무의식은 분석자의 해석 모델에 의해서 밝혀진다. 프로이트의 위상학과 경제학 모델이 무의식의 정체를 밝혀내는 것이다. 의식과 전의식 그리고 무의식을 위아래의 위치로 설명하는 것을 가리켜 위상학이라고 한다. 또한 우리가 의식하는 나 곧 에고Ego는 이드Id와 슈퍼에고Super Ego(초자아)에 의해서 형성되는데, 각각 에고의 아래와 위의 위치를 차지하고 있다고 프로이트는 설명한다. 이드는 '그것' 또는 '거시기'라는 뜻인데, 그 힘이 강하고 에고에 매우 낯설어서 붙인 이름이다. 의식된 자아의 위치를 각각 다른 위치에 있는 힘들과의 관계에서 설명하는 점에서 위상학topologie이라고 부른다. 위상학의 핵심은 의식이 의미의 기원이 아님을 보이는 데 있다. 한편, 무의식이나 이드의 억압된 충동 에너지가 어디로 분배되어 탈출구를 찾고 운용되어 의식되는 나를 형성하는지 설명하는 방식을 경제학économie 모델이라 부른다. 심리 에너지의 이동과 집 중을 다루는데, 미국에서는 카텍시스와 반대反對 카텍시스 로 말하고, 프랑스에서는 투자, 투자 철회, 반대 투자로 설 명한다. 경제학 모델로 설명이 부족할 때에는 발생학 모델 을 사용하기도 한다. 발생학 모델은 역사적으로 인류가 실 제로 부친살해를 일으켜 생긴 트라우마를 가리킨다. 프로 이트는 이런 몇 가지 해석 모델을 가지고 인간의 심리를 분 석한다. 다시 말해서 일정한 해석방법과 기술을 적용하여 진실을 드러낸다. 그런 모델을 가지고 말을 붙일 때 무의식 의 표상이 말을 한다. 표상은 텍스트가 될 준비를 하고 있 다가 말을 붙이는 말에 의해 말이 되어 나오고, 해석의 대 상이 되는 텍스트가 된다. 해석과 함께할 때만 무의식은 자 기 정체를 가진다. 무의식은 언어와 함께할 때만 존재한다 고 할 수 있다. 프로이트가 강조한 것은 의식이 무의식에 의해 결정된다고 하는 점이지만, 리쾨르가 볼 때 의식이 또한 무의식을 결정하는 면이 있다. 말하고 생각하는 주체와의 관계에서 무의식이 자기 정체를 드러낸다. 프로이트 자신이 주체 문제를 다룬다(201).

그리하여 칸트가 경험론과 관념론의 종합을 이루었듯이, 리쾨르도 프로이트의 무의식의 이해를 놓고 경험적 실재론과 선험적 관념론의 종합을 이루고자 한다. 경험적 실재론이란 물리적으로 경험되는 충동의 실체를 가리키고, 선험적 관념론이란 분석자의 해석 모델을 가리킨다. 칸트는 사물에 대한 인간의 앎이 경험과 함께 생기지만 경험에서 나오지는 않는다고 했다. 마찬가지로 무의식에 대한 앎은 충동과 욕망이라는 실재와 함께 생기지만, 그 실재에서 앎이 나오지는 않는다. 의식적 분석 모델에 의해 충동의 실재가 의미 있게 밝혀지는 것이다. 분석 모델은 해석의 기술이요 방법이며, 그 방법이 무의식의 내용을 결정짓는다.

프로이트가 행하는 해석의 한계도 바로 거기에서 나와야 한다. 프로이트는 일종의 허위의식을 비판했는데, 의미의 기원을 직접 들여다본 것이 아니라 기원의 표상을 어떤 방법을 써서 해석한 것이다. 예를 들어, 경제학이나 발생학 모델을 가지고 볼 때 종교는 유아기적이고 신경증적인 현상으로 보인다. 그러나 의미의 기원을 드러내는 방법이 정신분석만 있는 것은 아니다. 종교현상학과 정신현상학은 다른 방식으로 의미의 기원을 찾고 인간을 말한다. 그런 점에서 정신분석이 종교의 모든 것을 드러냈다고 할 수 없다. 프로이트를 통해서는 인간의 신앙이 미신적 현상일 수 있다는 점을 알면 된다. 억압된 것의 회귀에서 생긴 환상으로서의 종교를 벗어나야 한다는 점을 알면 된다. 죄의식의 문제도 그렇다. 프로이트는 죄의식을 생명현상이 겪는 변화의 과정으로 본다. 충동의 경제학으로 보면 죄의식은 에로스와 타나토스의 싸움이다. 에로스가 문명의 요구대로 리비도적 연대관계로 구성된 사회를 만들고, 사회는 개인들의 공격 본능을 감시함으로써 공동체의 생명을 유지한다. 삶의 본능인 에로스와 죽음의 본능인 타나토스 사이의 싸움, 곧 거대한 두 힘의 싸움의 와중에서 죄의식의 탄생하는 것이다. 프로이트는 죄의식을 발생학 모델로 설명하기도 하는데, 아버지를 살해하고 그 고기를 먹었던 형제공동체의 양가감정의 결과로 죄의식이 형성되었다고 본다. 그러나 그리스도교의 원죄를 프로이트의 경제학 모델이나 발생학 모델로만 풀 수 있을까?

그리스도교의 원죄도 유전설을 말하지만, 그리스도교의 원죄론은 프로이트와 달리 살해 기억의 유전을 말하지 않는다. 원죄는 물려받은 인간 사회의 문화와 관습 속에서 죄지을 수밖에 없는 인간 상태를 말하고, 인간을 지배하는 사회의 구조적 폭력을 고발하려는 상징 언어이다. 그것은 개인의 존엄성을 확보하려는 사회비판의 성격을 지니고 있으며, 그런 점에서 더 개방적이고 더 평화로운 공동체를 지향한다. 그리스도교의 죄의식은 성 본능이 작동하는 곳보다 더 높은 수준의 가치를 실현하기 위한 개념이다. 그리스도교의 신은 프로이트가 말한 아버지 형상의 위로의 기능 이상이다. 정신분석학이 아닌 상징 현상학에서 볼 때 신에 대한 신앙은 인간을 새롭게 한다. 그러므로 방법론적 무신론을 택한 프로이트의 분석을 그대로 받아들여 신은 유아기적인 환상이라고 할 수 없다. 그것은 정신분석의 한계를 벗어난 판단이다. 이처럼 리쾨르는 정신분석의 비판을 인정하면서도 그 한계를 본다. 삶의 진실은 어디까지나 자신을 생각하고 반성하는 철학의 과제이지, 과학적이고 자연주의적인 정신분석으로 설명되는 것이 아니다.

3. 프로이트와 헤겔

어른이 되려면 의식이 확장되어야 한다. 정신분석은 의식을 무의식의 종속변수로 놓아서 주체 철학에 타격을 주었다. 그러나 무의식을 의식적으로 밝히는 주체 없이 정신분석은 존재하지 않는다. 철학적으로 말하면 생각의 결과로 생각되지 않은 영역을 알게 되었고, 생각으로 무의식을 치유하여 의식화한다. 그러므로 정신분석도 결국은 의식의 확장을 노린다. 의식을 흩지 않고 의식을 확장한다. 자기를 잃고 자기를 다시 찾고 투명해진다. 자아를 강화해서 이드의 조각들을 스스로 통제할 수 있도록 하는 데 정신분석의 과제가 있다고 프로이트 자신이 말했다. 의미의 기원을 인간의 자기의식에서 찾지 않고 충동과 억압의 힘에서 찾기 때문에, 정신분석학은 의식철학을 수정하고 간접적인 자기 이해의 길을 열었다. 그러나 여하튼 무의식의 힘은 의미의 기원으로서만 분석의 대상이 되고, 의미의 기원인 한 무의식은 분석하는 의식과 함께하며 의식의 확장을 위해 분석된다. 무의식이 만든 암호를 의식이 해독한다. 그런 면에서 정신분석학도 주체를 전제로 한다. 프로이트는 "주체를 없앤 것이 아니라, 다만 주체의 자리를 옮겨 놓았다"(271).

그렇다면 무의식의 표상과 감정을 해석하는 의식 곧 주체는 어떤 주체인가? 리쾨르는 여기서 헤겔의 정신현상학에 주목한다. 헤겔의 미래로 향한 의식만이 프로이트의 과거의 무의식을 해석하는 주체가 될 수 있다. 정신분석학에처럼 정신현상학에서도 인간의 자기 이해는 과제이다. 개인의식의 분명한 자기 이해는 역사의 끝에 이룩된다. 개인은 객관 정신에 속해 있으며 의미의 기원은 정신이지 의식이 아니다. 헤겔이 말하는 정신은 개인차원이 아니라 인류차원에서 역사를 만들고 문화를 이룩해 가는 힘을 가리킨다. 프로이트는 무의식의 힘을 말하고 헤겔은 정신의 힘을 말한다. 정신은 역사의 끝에 가서 자신에 대한 분명한 앎에 도달한다. 그것을 헤겔은 절대지라고 불렀다. 그때 개인의 의식도 분명한 자기 이해에 도달한다. 개인은 전체에 귀속되어 있으므로, 정신 전체를 알기 전에는 개인의식이 자기를 알 수 없다. 다만 정신이 시대에 따라 문화적 형태로 구현된 것들이 있으며, 의식은 그 형태 해석을 통해 시대정신을 따라갈 수 있을 뿐이다. 형태를 의식하며 따라가는 일이 정신에 참여하는 일이며 의식의 진보이다. 의미의 기원이 의식에 있지 않고 시대정신에 있고 객관 정신에 있으므로 인간의 자기 이해는 간접 의식이다. 정신이 표현된 문화와 작품을 해석하는 문화 해석의 결과로 의식은 자기를 이해한다. 시대정신을 이해하면서 자기를 이해한다. 그런데 지금의 문화 형태의 의미는 나중에 밝혀진다. 그러므로 인간의 자기 이해는 부분적일 수밖에 없다. 헤겔은 말한다. "전체가 진리이다." 시대정신을 통해 부분적으로 드러나는 정신은 역사의 끝에 가서야 전체를 드러낸다. 그러므로 정신을 이해하며 자기를 이해하는 의식은 역사의 끝에 이르기 전에는 언제나 부분적으로 자기를 이해할 뿐이다. 그러므로 헤겔에게서 의식의 분명한 자기 이해는 과제로 남는다. 의식의 직접적 자기 이해를 부정하는 면에서 정신분석과 정신현상학은 같다. 리쾨르는 정신분석을 주체의 고고학archéologie이라 부르고 정신현상학은 주체의 목적론téléologie이라고 부르면서 그 둘을 변증법적으로 종합한다.

　리쾨르는 프로이트를 철학적 인간학으로 끌어들이기 위해 헤겔을 가져온다. 정신현상학에서 진리는 의식과는 다른 무엇이다. 진리는 개인의 의식에 있지 않고 인류의 정신에 있다. 정신은 의식의 확장을 이끌고, 의식은 정신에 귀속되어 자기 인식에 이른다. 그래서 헤겔은 반성철학이 해석학적 주체로 방향을 트는 데 도움이 된다. 의식이 성인이 되기 위해 뒤로는 과거의 유아기의 퇴행을 진단하고 앞으로는 미래의 역사발전을 이룩하도록 노력한다. 리쾨르의 용어로 하면, 존재하고자 하는 욕망과 노력이 앞뒤로 작동하는 것이다. 그런데 그 의식이 앞으로 나가기 위해 뒤를 치료한다. 미래로 나가는 힘이 과거를 치유하는 것이지, 미래가 없다면 과거도 없다. 리쾨르는 반성철학자로서 이렇게 말한다. "텔로스를 가진 주체만이 아르케를 가진다"(191). "자아 뒤에서 형성된 뜻을 내 것으로 삼으려면, 주

체가 앞쪽으로 끌리는 그런 운동이 필요하다"(205). 리쾨르
는 반성 안에 텔로스와 아르케의 양극이 있다고 본다. 양
극은 변증법적으로 종합되는데, 그 종합의 주도권은 텔로
스에 있다. 거꾸로는 아니다. 정신분석학에서 정신현상학
을 도출한다면 정신분석학적 환원이 될 것이다. 그렇게 되
면 철학이 아닌 임상과 치료의 정신분석학만 남는다. 철학
이 정신분석학을 의미있게 사용하려면 정신현상학이 주도
해야 한다. 그래야 정신분석학을 수용하고도 리쾨르의 해
석학은 철학으로 남게 된다. 미래에 만나게 될 진리의 힘을
받아 진리를 향하는 인간의 의식적 노력이 자신의 과거를
치유하는데, 그 치유의 운동 역시 존재하고자 하는 노력이
다. 인간의 문화와 정치현실이 억압된 리비도의 투사이기
를 극복해야 진정한 정신의 진보를 이루게 될 것이다. 이렇
게 해서 리쾨르는 정신분석학과 정신현상학을 종합하여 철
학적 인간학을 정립한다.

　헤겔과 정신분석은 의미 영역이 다르다. 정신현상학에서
는 경제적 물질 소유와 정치권력과 정신적 가치로 말미암
아 생긴 의식의 소외와 그 소외의 극복이 의미영역을 이룬

다. 인정투쟁이 만드는 의미 영역은 리비도 경제학이 만드는 의미영역과 다르다. 정신분석이 퇴행을 치유하여 유아기의 인간을 어른으로 만들려고 한다면, 정신현상학은 소명의식을 가지고 정의와 도덕 가치를 정치·경제·사회에서 제도로 현실화하는 정신으로 어른이 되기를 바란다. 의식의 확장을 통해 어른이 되는데, 그러려면 퇴행의 운명을 극복하고 역사 발전을 개척해야 한다. 퇴행은 인간의 운명이다. 그러나 운명을 극복하고자 하는 노력이 있고, 정신분석도 그런 노력이라고 할 수 있다. 그렇다면 정신분석 안에 이미 정신현상학적 요소가 들어 있다고 할 수 있다. 둘은 별개가 아니라 인간 해방을 위한 하나의 운동에 들어 있는 두 개의 극이다. 리쾨르는 프로이트가 승화와 동일시에 대해서 말할 때 만족할 만한 설명을 찾지 못했다고 한 말에 주목한다. 바로 그 점에서 리쾨르는 프로이트 자신이 주체의 목적론에 대해 감지하고 있었다고 진단한다. 역사의 텔로스를 지향하는 주체가 무의식을 분석하는 모델을 만들고 해석하는 작업을 한다. 앞으로 나아가는 주체가 앞으로 나아가기 위해 뒤를 챙긴다. 앞으로 나가는 힘이 뒤를 돌본다. 내 존재의 의미는 정신의 자기 전개에 참여해서 역사 발전에 공헌하는 데 있으며, 단순히 과거를 치유하여 건강한 자아를 회복하는 데 있지 않다. 물론 프로이트는 역사발전을 이루는 정신에 대해서 말하지 않는다. 그러나 욕망이 치유되었을 때에 자유롭게 사랑하는 능력이 주어지고, 그렇게 되면 정의의 문제도 해결될 것이다. 정신분석은 왜곡된 욕망을 치유해서, 새롭게 사랑하고 새롭게 즐기는 능력을 준다. 리비도와 금지에 의해 파괴되어 있는 자유로운 사랑의 능력을 가져다준다. 리쾨르는 프로이트의 정신분석이 헤겔적 정신에 주는 의미를 이렇게 말한다. "당신의 사랑이 젊음을 되찾으면 의지도 정의를 지닐 것이다. 법이 아닌 은총에 의해서"(226). 어떻든 미래로 가는 운동 없이 과거의 치유를 말할 수 없다는 얘기이다. 그리하여 리쾨르는 정신과 의식의 관점에서 무의식을 수용한다. 결국 정신에 이끌리는 의식이 무의식을 수용하는 것이다. 반성하는 주체를 통하지 않는 진리를 인정하지 않는 리쾨르의 기본적 태도가 여기에서도 보인다.

그러한 관점은 예술과 문화이론에도 적용된다. 프로이

트는 예술 작품을 꿈과 같은 것으로 보았다. 욕망은 하나도 포기되지 않고 다른 대체물을 만드는데 그것이 꿈이요, 예술이다. 예술은 환상이요, 환상은 대낮에 꾸는 꿈 곧 몽상이다. 프로이트는 종교가 억압된 것의 회귀에 대한 일종의 강박신경증이지만, 그러나 예술은 강박신경증 없는 대리 만족이고 승화라고 보았다. 예술작품은 인간의 쾌락 욕구를 사전 쾌락으로 상쇄시키고, 우리 영혼 속의 긴장을 해소한다. 양심의 가책 없이 자신의 환상을 즐기는 데 예술작품의 목적이 있다. 그럼에도 불구하고 프로이트에게서 예술은 꿈과 같은 것으로서 과거의 에너지가 작동하는 퇴행 작용의 일종이다. 그러나 리쾨르의 견해는 다르다. 예술은 유아기의 반복에 그치지 않고 미래로 나가려고 작품에 의미를 부여하는 창작자의 노력이 작품에 들어 있다고 본다. 인간의 행위를 통째로 보는 반성을 통해 예술을 보면 그렇다. 그런 점에서 주체의 존재 노력의 산물이 작품과 문화이고, 주체에는 정신이 작동한다. 물론 창작을 순수의식을 향한 의식의 자기 확장으로만 보면 안 된다. 헤겔식 관점으로만 이해하면 의식은 허위의식이 되고 만다. 프로이트는 마르크스나 니체처럼 허위의식을 비판한다. 인간의 정신은 지나간 과거의 무의식을 되살리면서 다시 새로운 의미를 개척하고자 한다. 그런 점에서 퇴행과 진보는 작가의 창작과정에 들어 있는 두 측면이다.

리쾨르가 볼 때 승화의 참된 의미는 과거 에너지를 가지고 새로운 미래를 만들어 가는 데 있다. "승화는 경제학 관점과 가치론이 결합된 혼합개념이다"(173). 성적 대상에 집중된 에너지가 승화되어 더 높은 수준의 정신적 가치를 대상으로 삼는다. 옛것을 새롭게 한다. 과거로의 퇴행은 욕망의 결핍을 가리키지만, 예술 작품은 그 결핍에서 생긴 환상에 그치지 않고 "그 무기력한 환상을 밀어 올려 힘 있는 상징을 만든다"(224). 예술은 환상이 아니라 상징이다. 프로이트의 경제학 모델은 그런 차원을 보지 못하는 한계가 있다. 리쾨르의 해석학에서 말하는 진리나 진실은 실증주의적인 것이 아니라 세계와 존재에 대한 우리의 관계에서 생긴다. 정신분석의 한계를 인정하고, 인간 행위 전체를 존재욕망과 노력으로 보는 반성 안으로 끌어들일 때, 정신분석은 매개물의 해석을 통해 존재하고자 하는 노력이라고 할 수 있다. 반성철학의 차원에서 볼 때 예술은 아직 드러나지 않은 미래의 가능성을 표현하는 상징이다. 프로이트가 종교의 신화나 예술을 환상이라고 하는데, 리쾨르는 그 환상에 상상력도 들어 있다고 본다. 환상은 퇴행이지만 상상력은 미래의 새 세상을 내다본다. "신화나 시의 상상력에는 존재론적 개척정신이 들어 있다"(177).

5장
현상학과 해석학

이 부분에서는 프랑스의 철학자 장 나베르의 사상과 하이데거의 주체 문제를 다루고 있다. 현상학에서 말하는 의미가 해석을 통해 생겨나는 것임을 말한다.

1. 데카르트 비판

리쾨르가 코기토라고 할 때는 보통 데카르트의 "나는 생각한다, 그러므로 존재한다Ego cogito, ergo sum"를 가리킨다. 여기서 나는 나와 다른 존재를 인식하는 바탕이 되고, 주체가 된다. 그런데 리쾨르는 데카르트의 코기토뿐 아니라 인간 주체를 말하는 전통을 모두 아울러 코기토 전통이라고 부르기도 한다. 사실 철학의 시작은 생각하는 나, 곧 코기토의 시작이라고 할 수 있다. 기원전 5세기에 인류는 신화와 미토스의 세계로부터 철학과 로고스로 넘어와 인간의 이성의 능력을 믿으며, 인간이 인식과 행위의 주체가 되었다. 그러므로 주체를 어떻게 말하느냐에 따라 코기토 전통은 다양하다고 할 수 있다. 소크라테스가 "너 자신을 알라"고 했을 때는, 내가 인식의 주체가 되는 인문주의의 시작을 알리는 것이다. 그런가하면, 아우구스티누스는 인문주의와 다른 방식으로 인간 주체성을 말했다. 그는 인식에서 조명설을 말하고, 선을 행하는 행위에서 신의 은총을 말했다. 그럼에도 불구하고, "너 자신 안으로 들어가라"고 함으로써, 인간 내면에서 진리를 찾으려고 했다. 그는 인문주의와 달리 신의 주권을 말했지만, 인간의 주체성도 살려 두려고 한 것이다. 그러므로 아우구스티누스는 소크라테스와 다른 코기토를 말했다고 할 수 있다. 아퀴나스도 인간이 가능태에서 현실태로 가는 운동은 한편으로 능동인인 신의 힘에 의해 이루어지는 것이라고 하면서도, 그렇다고 인간이 아무런 일도 하지 않는 것이 아님을 강조했다. 그는 인간의 의지가 하나의 동력으로 작용하고 있음을 강조함으로써, 인간을 도덕적 주체moral agent로 살려 두고자 했다. 데카르트는 근대적 인문주의자로서 인식과 행위에서 인간을 세상의 주인이요, 절대주체로 세웠는데, 그 전통은 후설의 현상학까지 이어진다. 현상학은 가장 강력한 코기토를 말하는 방식이라고 할 수 있다.

리쾨르는 서양 철학 전통의 다양한 코기토는 "주체 없이 진리를 세우려는 시도에 대항하는 것"으로 본다(266). 그런 점에서 리쾨르의 해석학은 코기토 전통 자체를 버리지는 않는다. 리쾨르의 해석학에서 생각하는 주체는 여전히 중요하다. 다만 나를 바탕으로 나를 생각하고 나를 통해 나를 찾는 주체를 문제로 본다. 주체 없이 진리를 말하는 건 리쾨르도 반대한다. 나와 무관한 진리는 없다. 그렇다고 내가 선험적으로 자명한 실체여야 하는 것은 아니다. 데카르트가 "나는 생각한다, 그러므로 존재한다"고 했을 때, 나의 존재의 확실성은 생각하는 나의 확실성 때문에 보장된다. 나의 존재를 의심한다고 해도, 의심하는 나는 있어야 하기 때문이다. 그러나 리쾨르는 데카르트가 확실성과 정체성을 혼동했다고 본다. 내가 존재하는 게 확실하다면, 존재하는 나는 누군가? 나의 모습, 내가 누군지, 그 내용은 확실하지 않다. 내가 생각하는 게 확실하지만, 생각하는 내가 누군지는 확실하지 않다. 의식이 나의 정체까지 알려 주는 것은 아니다. 정체를 모르는 나를 나라고 할 수 있을까? 생각하는 내가 존재한다고 하는 이른바 제1 진리는 거스를 수 없지만 추상적이고 텅 비어 있다. 텅 비어 있다는 것은 정체가 없다는 말이다. 나의 정체는 삶에서 생기는 것이다. 내가 타자와 세상과 어우러지며 형성되는 삶이 나를 만드는 것이며, 그 삶을 말하고 생각하고 해석하면서 내가 형성되는 것이다. 1980년대에 리쾨르가 이야기 정체성identité narrative 을 말하는 까닭도 거기에 있다.

데카르트는 나에 대한 직접 인식을 말했다. 그는 『방법서설』에서 이렇게 말했다. "여기서 나는 내가 생각하는 것을 본질과 본성으로 지니고 있는 실체임을 알았다 … 그래서 내 정신 속에서 나는 나이며je suis ce que je suis, 그러므로 내 정신은 신체와는 전혀 다르다." 데카르트가 나는 나라고 말한 것은 나의 바깥을 거치지 않고 의식 안에서 곧바로 나의 정체가 결정되는 것을 의미한다. 이것은 나에 대한 직접 인식을 말한 것이고, 이른바 직관이라는 것이다. 외부 세계의 개입 없이 나로부터 나를 생각하고, 나를 바탕으로 나를 생각하는 것이다. 데카르트에게서 반성철학은 직관으로 자기를 찾는 것이 된다. 이것은 확고한 자아를 중심으로 세상을 보기 위한 근대적 사고방식이다. 내가 있음을 확실하게 하고, 그다음에 주변 세계를 나를 중심으로 펼쳐 놓기 위한 인간중심적 사고방식이다.

그러나 리쾨르가 볼 때, 데카르트의 직접적 자기인식은 느낌sentiment이지 인식idee이 아니다. 데카르트는 내가 생각하고 존재한다는 것을 느끼고, 생각하는 나를 느낀 것이지, 나를 안 게 아니다. 느낌도 앎의 일종이라고 할 수 있지만, 적어도 나는 그런 직관적 앎의 대상이 아니다. 그 점은 칸트가 분명히 했다. 칸트는 직관을 본래적 직관intuitus originaris과 파생적 직관intuitus derivativus으로 나눈다. 인간의 느낌이라는 직관은 파생적 직관이다. 그것은 경험인식을 위해 거쳐야 하는 단계이지 아직 인식이 아니다. 본래적 직관은 시공간의 제약을 받지 않는 신에게 해당되는 용어이다. 신은 자기를 직접 직관을 통해 안다. 성서의 출애굽기를 보면 모세가 신을 만나는 장면이 나온다. 모세가 신에게 "당신은 누구십니까?"라고 물었을 때, 신은 "나는 나다I am who I am"라고 답했다. 데카르트가 인간의 자기인식을 말할 때 사용한 "나는 나다Je suis ce que je suis"라는 말은 신이 사용한 말을 인간에게 적용한 것이다. 자기가 누군지 외부적 요소를 끌어들이지 않고 말할 수 있는 존재는 신뿐이다. 신은 정신적 실체로서 직관을 통해 자기를 알기 때문이다. 신에게서 직관은 자기인식이다. 그러나 인간은 순수한 정신적 실체가 아니고 시간과 공간의 제약을 받는 존재이다. 칸트에게서 시간과 공간은 순수직관형식이다. 그러므로 인간에게 적용되는 직관은 시공간이 가져다주는 느낌이요, 감성적인 것이며, 아직 인식이 아니다. 직관을 거쳐 표상이 된 외부적 경험 자료들을 통각하여 개념의 틀로 찍어서 나올 때 비로소 인식이 생겨난다. 데카르트는 인간을 정신적 실체로 보고, 직관을 통한 자기 이해를 말하려고 했지만, 그때의 나는 아직 내가 아니다. 내가 생각하는 내가 있는 게 아니라, 생각하는 내가 있을 뿐이다.

리쾨르의 해석학은 나는 존재한다는 확신과 나는 누구인가의 의심이 양립하기를 바란다(298). 생각하는 나는 내 존재의 확실성을 주면서 내가 누군지를 묻는다. 프로이트와 하이데거와 헤겔에 따르면 나의 정체는 그렇게 확실하지 않고, 이미 주어져 있는 것이 아니다. 나는 내가 아니라, 내가 되어야 한다. 그래서 리쾨르는 나의 행위를 거쳐 나를 찾아야 한다고 본다. 생각하고 존재하는 나를 객관화한 표상과 행위, 작품과 제도 등을 거쳐서 나를 찾아야 한다. 내가 누군지는 직관을 통해 알 수 있는 것도 아니고, 신비주의적 봄vision에 있는 것도 아니다. 시간 속에 펼쳐진 나의 말들과 지난 이야기들, 공동체의 제도들과 문화적 산물들을 이해하면서 나를 이해하게 된다.

2. 후설 비판

리쾨르는 현상학을 중요하게 본다. 자신의 해석학도 현상학에 접목시킨 현상학적 해석학이라고 부른다. 실제로 리쾨르의 상징철학에서 종교현상학은 중요한 부분을 차지한다. 종교현상학이란 종교의 제의나 신화, 그리고 신앙이 지향하는 의미를 찾는 것이다. 종교의 사회적 기능을 찾는 종교사회학이나, 본능희생과 보상의 각도에서 종교의 기능을 보는 정신분석학과 달리, 종교현상학은 의식의 지향 대상을 찾아 기술한다. 종교 의식의 지향대상은 거룩한 존재이므로, 거룩의 현상학이라고 할 수 있다.

리쾨르는 후설의 현상학의 내용을 세 가지 명제로 정리한다. 첫째는 의미 기술이다. 논리적 의미(『논리연구』)로부터 출발해서 의식의 지향성까지 넓혀지면서(『이념들 I』), 의미는 논리적인 언어의 의미뿐 아니라 모든 지각을 포함한다. 의식의 모든 체험은 의미 체험이다. 자아는 의미를 겨냥한다. 모든 존재와 세상은 나에 대한 의미체로 존재한다. 나에 대한 의미의 세계가 있을 뿐이다. 나는 의미를 매개로 세상과 만난다. 그런 식으로 존재 물음은 의미 물음으로 바뀌었다. 물론 여기서 말하는 의미는 시간이 개입된 삶의 의미와는 다른 뜻이다. 둘째는, 주체가 의미의 생산자라는 점이다. 나, 곧 에고는 의미를 겨냥할 뿐 아니라 의미의 기원으로서 주체이다. 생각하는 나는 세상을 의미체로 만들면서 의미로 세상을 대한다. 세상이 나에 대한 의미체라면, 주체는 자기의식에서 의미의 주도자가 되는 것이다. 셋째, 선험적 환원이다. 선험적 환원이란 세상이 의미체가 되기 위한 조건이다. 그것은 후설이 발견했다고 믿는 의식의 활동으로서, 의식은 선험적으로 존재 물음을 존재의 의미 물음으로 환원하고, 그때 에고는 의미의 주체로서 세상이 자신에 대한 의미체로 존재하게 만든다. 현상학에서 말하는 현상이란 의미의 세계를 가리킨다. 그 현상은 에고의 선험적 환원활동에 의해 만들어지는 것이다. 리쾨르는 세 가지 중에 제일 중요한 것은 결국 두 번째에서 말한 주체 문제라고 본다.

그런데 리쾨르는 현상학을 일반 언어이론으로 볼 수 있다고 말한다. 후설은 모든 것을 의미로 보았는데, 리쾨르는 의미 세계의 의미 환경을 이루는 것이 언어라고 본다. "언어는 전체 의미 환경이며, 우리의 지각과 행위와 삶 위에 던져진 그물 같은 기호망이다"(277). 메를로퐁티도 후설이 언어를 중심에 둔다고 말했다는 점을 리쾨르는 상기시킨다. 지향하는 의식 뒤에는 말하는 주체가 있다. 주체는 말하면서 뜻하고 의미를 생산하고 세계를 의미의 세계로 만든다.

그런데 리쾨르가 볼 때 현상학의 말하는 주체는 언어 과학을 수용하지 못한다. 객관적인 랑그의 세계를 현상학은 모른다. 리쾨르가 언어학이나 구조주의를 중시하는 것은, 주체를 제약하는 데 있다. 현상학에서는 주체가 세상뿐 아니라 언어까지 지배한다. 메를로퐁티는 언어의 침전된 의미체를 말하지만, 그러나 그 침전은 주체로부터 독립한 자동체계가 아니라, 모든 현재가 내 안에 현존하는 것이다. 이것은 현상학적 시간관과도 연결되는데, 현상학의 시간은 흔히 생각하는 연대기의 시간이 아니라 위아래로 흐르는 시간이다. 과거와 현재, 그리고 미래로 흘러가며 전통이 축적되는 시간이 아니라 현재에 응집된 시간이 현상학적 시간이다. 진리는 오직 현재이며 이것은 신을 영원한 현재로 보는 아우구스티누스의 시간관과도 통한다. 리쾨르는 아우구스티누스가 『고백록』 11권에서 추구한 시간을 서구의 현상학적 시간의 효시로 본다. 사실, 모든 인연을 끊고자 하는 불교의 찰나라는 시간도 현상학적인 시간이라고 할 수 있다. 물론 후설은 그리스도교나 불교와 달리 관념론적 주체의 시각에서 현상학적 시간론을 얘기한 것이다.

현상학에서 보는 언어는 과거의 산물이 아니다. 소쉬르가 사람이 하는 말인 파롤과 객관적 언어체계인 랑그를 구분할 때, 랑그는 공시적이고 파롤은 통시적이다. 파롤은 주체가 공시적인 랑그를 가져다 상황과 시간에 맞게 사용하면서 발생하는 사건이다. 그런데 현상학에서는 말, 곧 파롤을 공시적으로 본다. 현상학에서 언어의 여러 요소는 매번 독자적인 표현행위를 하려고 경합을 벌인다. 다시 말해서 기호의 뜻이 객관적으로 이미 정해져 있지 않고, 말하는 자의 의도에 따라 사용될 때 뜻을 가지게 된다. 그렇다면 말의 뜻은 매번 새로운 뜻이 되고, 과거를 완전히 배제한 현재가 지배하게 된다. 이것은 현상학적 주체가 의미의 창시자일 뿐 아니라, 언어의 지배자이기도 하다는 점을 알려 준다. 이러한 언어철학에서는 어떤 단어가 어떤 의미를 가지고 있다고 하는 사전적 의미의 언어가 존재할 수 없게 된다. 물론 리쾨르도 역사적 사건으로서의 말, 곧 파롤이 지니는 중요성을 안다. 구조주의자들이 랑그 중심이었다면, 리쾨르의 해석학은 파롤 중심이라고 해야 할 것이다. 리쾨르의 해석학에서는 말하는 주체가 중요하다. 그러나, 리쾨르는 언어의 객관적 언어 값인 랑그를 인정하고, 주체가 언어를 지배한다고 보지는 않는다. 언어 과학과의 대화가 리쾨르의 해석학에 들어 있다.

후설의 현상학은 선험적 자아가 언어로 이루어져 있다고 보지 않는다. 의식의 지향은 텅 빈 의도이지, 언어로 이루어진 의도가 아니다. 알고 보면 선험적 환원에 의한 의미 세계는 이런저런 일상의 의미로부터 자유로워지려고 한 것이다. 오직 자아, 곧 내가 있을 뿐이다. 현상을 말하고 의미를 말하지만, 현상과 의미보다 중요한 것은 그 의미의 기원인 에고, 곧 나이다. 현상학에서 진리는 의미가 아니라 나이다. 구조주의는 언어를 모든 것이라고 보는 반면에 현상학은 언어 이전의 에고, 곧 내가 모든 것이라고 본다. 그러나 리쾨르의 해석학에서 볼 때 자아는 진리가 아니며, 언어의 해석을 통해 찾아야 되는 것이 자아이다. 현상학과 달리 내가 언어를 부리는 것도 아니고, 구조주의와 달리 언어가 나를 만드는 것도 아니고, 말하고 말을 해석하면서 나의 정체가 형성된다. 그것이 해석학적 주체이다.

나의 존재의 확실성은 데카르트나 후설이 잘 말했다. 그러나 확실하게 존재하는 내가 누구인지를 묻지 않으면, 나는 아무 내용 없이 텅 빈 나이다. 내가 누구인지를 묻는 것은, 내가 관계하는 현실을 묻는 것이다. 사실 관념론의 연장인 후설의 현상학은 현실의 실체성을 약화시킨다. 리쾨르가 볼 때 내용이 없는 나는 구체적으로 현실을 사는 내가 아니다. 궁극적으로 리쾨르의 철학은 일상적 삶의 현실이 허구가 아니요, 시간 체험이 환상이 아니라는 데 기초를 두고 있다고 할 수 있다. 그렇게 볼 때 나라는 존재는 세상 현실에 부딪혀 그 내용이 생기는 것이다. 나와 세상은 서로 관계해서 실체성을 만들어 준다. 나는 세상 현실을 이해하면서 나의 내용을 구성하는데, 그 매개체가 언어이다. 현실에 대해 말하면서 이해하고, 말을 이해하면서 세상과 나를 이해한다. 내가 누구인지는 언어로 표현된 세상을 이해하면서 구성되는 것이다. 그렇게 해서 리쾨르는 후설의 선험적 환원을 언어로의 환원으로 보려고 한다.

리쾨르는 후설의 선험적 환원을 기호 탄생의 활동으로 본다. 자연적 관계를 청산하고 뒤로 물러서서 기호를 가능하게 하는 행위가 선험적 환원이다. 그러면 기호를 통해 세계는 뜻하는 세계가 된다. "의미는 내가 만드는 것이 아니라 상징이 불러 준다"(322). 이 문장을 리쾨르의 상징 철학에까지 확장해서 설명하면 이렇다. 상징, 곧 언어를 매개로 양쪽에 나와 존재의 힘이 있다. 나는 언어가 불러 주는 존재의 힘에 이끌려 삶의 의미를 찾는다. 그러면서 내가 누군지 이해한다.

데카르트는 생각하는 나로부터 나의 존재의 확실성을 말했다. 후설은 선험적 환원을 통해 나의 직접 인식을 말했다. 그 무엇보다도 나는 나를 잘 알고 있다는 얘기다. 그러나 리쾨르는 내가 누구인지를 아는 과정을 '나는 존재한다'의 해석학으로 푼다. 세 가지 명제가 늘어서 있다. '나는 존재한다', '나는 말한다', '나는 생각한다'. 존재와 언어와 생각이 나를 이룬다. 언어는 존재의 힘과 생각을 매개한다. 나는 언어를 해석하는 생각을 통해 존재의 힘에 도달해서, 존재욕망과 노력을 내 것으로 삼는다. 그것이 인간의 자기 이해이다. 이 모든 과정을 존재의 힘이 주도하기 때문에, 리쾨르는 인간의 자기 이해의 과정을 가리켜 '나는 존재한다'의 해석학이라고 한다. '나는 존재한다'의 해석학은 데카르트와 달리 존재가 생각의 종속변수가 아님을 명확히 한다. 또한 후설과 달리, 존재하는 내가 누군지는 언어를 통해서 찾아야 하는 해석학적 과제라는 점을 리쾨르는 주장하고 있다.

3. 장 나베르

리쾨르는 3장에서 장 나베르Jean Nabert, 1881-1960의 사상을 소개하면서, 반성철학이 어떻게 행위와 기호의 문제를 다루는지 설명하고 있다. 다시 말해서 반성철학의 연장에서 해석학을 전개하려는 의도에서 장 나베르를 다루고 있다. 인간이 자기가 누군지를 생각하는 의식 활동을 반성이라고 한다. 장 나베르를 통해 리쾨르는 반성하는 의식이 자기를 직관하지 못하고 자기와 달라진 것에서 자기를 확인한다는 점을 배운다.

장 나베르는 프랑스 철학자로서,『자유의 내적 체험L'expérience intérieure de la liberté』(1924), 『윤리의 여러 요소Eléments pour une éthique』(1943, 1962),『악에 대하여Essai sur le mal』,(1955), 그리고 유고집인 『신에 대한 욕망Le désir de Dieu』,(1966)을 출판했다. 폴 리쾨르는『윤리의 여러 요소』의 1962년 판과 『신에 대한 욕망』의 서문을 썼다. 그리고 그의 초기 작품인 의지의 철학 1부, 즉 『의지적인 것과 비의지적인 것』과 의지의 철학 2부인 『유한성과 죄성』을 나베르에게 바쳤다. 리쾨르가 철학은 해석학이 되어야 한다고 말하는 데는 장 나베르 사상의 영향이 컸다. 서양철학에서 중요시한 반성을 기호 해석으로 본 사람이 나베르였기 때문이다. 나베르는 19세기의 맨느 드 비랑Maine de Biran과 베르그송Bergson을 거쳐 20세기 르 센느Le Senne와 라벨Lavelle에 이르는 프랑스 정신주의의 전통을 잇는 학자이다. 인간의 행위를 매개로 해서 정신적인 것의 본질을 추구하는 것이 프랑스 정신주의이다. 칸트가 객관적 경험인식을 주도하기 위한 인식주체의 조건에 관심을 가졌다면, 맨느 드 비랑은 내면의 생명활동에 관심을 가졌다. 반성철학이란 자아의 인식을 주제로 삼는다. 내가 누구인지, 나는 나를 어떻게 아는지 등을 고찰한다. 서양 철학 전체가 반성철학이라고도 할 수 있는데, 그것은 인식론적인 주제이기도 하고, 존재론적인 주제이기도 하다. 근대 비판철학은 존재론적인 차원을 배제하고 인식론의 차원에서 선험적 주체를 확립하고자 했다. 그러나 프랑스의 정신주의가 시도한 반성은 다르다. 나베르에 따르면, 반성의 대상을 어떤 행위에 둘 것인지, 그 선택의 차이가 프랑스 정신주의의 특성을 만들었다. 자아인식의 문제를 칸트의 선험적 주체가 아니라 그보다 앞선 내적 활동에서 찾으려는 것이 프랑스 정신주의를 잇는 나베르의 반성철학이다.

나베르는 칸트의 비판철학이 인식이 아닌 행위에 있어서 의식의 인과관계를 파악하는 데 도움을 주지 못한다고 본다. 인식주체의 조건을 파악하는 문제와 행위의 원천을 찾는 문제를 구분해야 한다는 것이다. 그는 반성철학자로서 후설처럼 전제 없는 철학을 추구하며, 따라서 어떤 초월적 존재나 형이상학적 실체도 거부하고, 그런 점에서 순수의식을 추구한다고 할 수 있다. 순수의식을 찾아 자아의 정체를 보려는 것인데, 그러기 위해 나베르는 의식의 활동 하나하나에 들어 있는 '행위'를 검토한다. 그가 말하는 행위란 바같의 몸짓이 아니라 내면의 움직임이요, 생명활동을 가리킨다. 리쾨르는 나베르가 말하는 행위를 존재욕망과 관련하여 생각한다. 행위란 존재욕망을 구현하고자 하는 운동이다. 그것은 칸트가 말하는 엄격한 의지 이전의 차원이다. 나베르가 의식의 '행위'를 말하는 것은, 인간의 즉각적인 의식 또는 순수 의식이 어떤 정체적 상태가 아님을 말하려는 것이다. 이것은 베르그송의 생의 철학의 영향이라고 봐야 할 것이다. 나베르가 말하는 정신의 행위 l'acte spirituel 는 지속적인 원초적 행위로서, 시간과 역사 속의 작품과 언어와 활동 속에서 어떤 의미체로서 구현된다. 따라서 의식은 한편으로 내면의 생명활동을 일으키고, 다른 한편으로 언어활동을 일으킨다. 나베르가 볼 때 후설의 현상학이 말하는 의미세계는 의식의 원초적 행위에서 한 단계 지나 형성된 객관화된 의미이다. 따라서 후설의 노에시스 노에마 Noesis · Noema 의 관계 대신에 행위와 기호의 관계가 성립된다. 기호와 언어를 통해 의미체가 형성되고, 그 의미는 원초적 정신 행위와 연관이 있다. 직관을 통한 자아 인식이란 없

108

다. 나베르 식의 반성은, 행위의 의미체를 통해 그 행위로 돌아가는 것이다. 그러므로 리쾨르가 볼 때 나베르가 말하는 반성은 해석을 가리킨다. 기호와 언어를 해석해서, 언어로 표현되어 있으나 숨겨져 있는 욕망을 찾아내는 것이기 때문이다. 표상은 욕망의 이차 기능이다.

바탕이 되는 행위가 의식을 낳는데, 기호와 언어가 그 행위의 의미를 의식에 알린다. 다시 말해서 나는 기호와 언어를 통해 내 행위를 표현하고 그 의미를 안다. 그렇다면 인간의 의식은 근원적 행위가 발생하는 자리이고, 동시에 그것이 표상과 언어를 통해 객관화되고 의미화되는 자리이다. 해석 없이 확실한 자기인식이 가능하다는 것은 관념론의 꿈이다. 그러나 의식의 근원은 표상 이전의 행위에 있으며, 내가 누군지 알려면 나의 존재욕망을 알아야 하고, 존재욕망은 기호와 작품에 드러나 있으면서 숨어 있다. 그래서 해석을 통해 나의 존재욕망을 찾아가는 것이다. 기호로 의미화되는 자리라는 점에서 리쾨르는 의식도 텍스트로 본다.

동기와 가치라는 것이 바로 그 기호의 차원에서 형성되

는 것이다. 나베르는 『자유의 내면 체험』에서 동기의 역할을 다룬다. 칸트가 말하는 동기는 표상세계에 해당한다. 칸트는 의식에 주어져 있는 도덕법과 그 도덕법에 대한 심리적 존중감을 도덕 실천의 동기로 보았다. 이득에 대한 관심이 동기가 될 수 있는데, 그렇게 되면 외부적 요소가 끼어들어서 순수하지 못하다. 그런 외부적 요소를 밀어내고 순수하게 내면의 선험적 법칙을 따를 때 그 동기는 순수하다. 그러나 언제나 외부적 요소가 들어오게 마련이고, 갈등 속에서 외부 사물보다 내면의 법을 행위의 원인으로 삼도록 의지적으로 결정하는 것이 실천이성의 과제이다. 쾌락에 대한 욕망보다 법에 대한 존중감과 의무감이 동기가 되어야 도덕적 행위라고 할 수 있다.

그런데, 칸트가 말한 동기보다 앞선 정신 행위가 있다. 자유는 칸트가 말한 순수한 동기에서 찾을 것이 아니라, 그 이전의 행위에서 찾아야 한다. 그것은 의식의 원초적 행위이다. 칸트가 말하는 의식적인 결단은 이루어진 행위라면, 나베르가 말하는 행위는 이루어진 행위 이전의 행위이고, 동기 차원에서는 덜 이루어진 행위l'act inachvé이다. 행위 이전의 행위는 표상을 갖추려는 경향이 있고, 그렇게 표상화된 것이 칸트가 말하는 동기이다. 그런데 표상화된 행위는 원초적 행위를 드러내면서 감춘다. 그래서 원초적 행위를 덜 이루어진 행위라고 하는 것이다. "완전하게 이루어진 행위, 곧 의식의 인과관계가 뚜렷한 행위는 없다"(246). 그러니까 동기는 한편으로는 원초적 행위를 드러내지만, 다른 한편으로는 그 행위를 감춘다. 그러므로 심리적인 인과관계 또는 칸트적 의식의 인과관계를 벗어나야 내가 정말 원하는 것을 알 수 있다. 내가 누군지를 알려면 나의 욕망을 알아야 하는데, 칸트는 욕망을 일부 감춘 표상적 세계에서 인간의 정체성을 찾는 셈이다. 칸트는 도덕적 인간을 인간의 정체성으로 보고, 그것을 곧 나의 정체성으로 보는 셈이다. 그러나 존재욕망의 문제는 칸트가 말하는 도덕 차원 이전이다. 그것이 동기 이전의 동기이다. 심리적 결정주의 이전의 인과관계이다. 모든 행위의 최초 동기는 존재욕망이라는 행위이다.

흔히 말하는 동기는 이미 표상화 된 현상의 세계이고, 비非경험 의식이 경험의식으로 나온 것이다. 경험의식은 비경험 의식에 의해서만 지속되고 유지된다. 나베르는 "비경험의식은 영적인 삶(정신적 삶)을 번역하고 연장할 길을 현상 안에 만든다"(246)고 말한다. 그러므로 행위가 표상으로 나오는 것은 행위의 경향이요, 존재욕망이 그 힘을 제공한다. 행위가 기호와 표상으로 나오는 것은 쇠락이 아니다. 이것은 나베르와 리쾨르가 일상의 세상과 역사를 환상으로 보지 않고 필연적인 실체로 보는 세계관을 갖고 있음을 보여 준다. 그리하여 본체적 자유와 경험적 인과관계를 반대로 본 칸트를 피하고, 순수한 자아가 기호화될 수 없다고 보는 베르그송도 피하는 것이다.

나베르는 의식의 활동과 오성의 객관화하는 기능이 서로 다르다는 것을 분명하게 보여 준다. 리쾨르는 나베르의 반성철학에서 행위와 기호의 일반 관계를 본다. 의식은 텍스트이고, 의식이 표현될 때에는 항상 그 뿌리가 뽑힌다. 그러므로 내가 의식하는 나는 내가 아니다. "우리는 우리 자신과 꼭 들어맞지 않는다"(247). 생생한 의식으로 자아를 세우려고 하는 데카르트의 코기토는 부정된다. 물론 나베르는 데카르트의 코기토가 터무니없는 비합리주의로 가지 않도록 하는 데 기여한다고 본다. 데카르트는 내면의 경험으로 들어가서 자연과학적인 사물 경험에 맞섰으며, 동시에 내면 경험이 너무 신비화되고 비합리주의가 되는 것도 막았다. '나는 생각한다'에 진리를 맡긴 까닭이 거기에 있다. 그러나 내가 생각하기 때문에 내가 존재하는 것은 확실하지만, 존재하는 내가 누구인지는 확실하지 않다.

자유의 문제도 그렇다. 자유는 의식의 자발성인데, 그 자발성은 칸트가 말하는 규범에 복종하는 데서 찾을 것이 아니라, 객관 규범 이전의 의식의 행위에서 찾아야 한다. 객관규범이나 그 밖의 기호화된 작품들을 통해서 그 너머의 자발적인 정신의 행위를 찾아야 하는 것이다. 의지 이전의 존재욕망과 노력이 가장 근원적인 자발성을 보인다. 자유는 오성의 객관규범과 의식적 의지에 의해서 결정되는 게 아니다. 칸트도 인간이 완벽한 자유가 불가능하다는 것을 안다. 순수한 동기에서 행동하는 것, 그리하여 객관적 도덕규범의 명령이 더 이상 없는 의지의 신성함이 완벽한 자유이다. 그러한 순수함은 세상에서 기대하기 어렵기 때문에, 칸트는 자유로운 행위를 우리 너머의 일로 보고, 시간 너머에서 이루어질 희망으로 본다. 데카르트처럼 오성에게 인식의 확실성 곧 진리를 맡기고, 칸트처럼 이성에게 자유를 맡기면, 그 자유는 덜 이루어진 행위를 낳는다. 그러나 사실 자유는 오성과 객관적 표상 이후가 아니라, 표상 이전에서 찾아야 한다. 그것이 나베르가 베르그송에서 배운 생의 철학이요, 프랑스 정신주의 전통이다. 그리고, 의식의 자유로운 행위는 표상을 통해서 구체화된다고 보는 점, 그래서 표상과 기호는 자유로운 행위를 감출 뿐 아니라 드러내기도 한다는 점, 그것이 나베르가 베르그송과 다른 점이다. 그리고 그 점이 바로 리쾨르가 중시하는 점이요, 나베르의 반성철학에 들어 있는 해석학 차원이다. 반성이 해석이 됨으로써 해석학은 철학이 된다.

오성과 이성으로 말하는 인식 주체와 행위 주체는 더 근원적인 행위가 부분적으로 객관화된 것이다. 그것은 순수의식이 아닌 현실의식이다. 현실의식은 반성적 주체라고 할 수 있다. 반성 이전에 주체가 있는 것이 아니라, 반성하면서 주체가 탄생하는 것이다. 그때 반성하는 주체의 반성 대상은 무엇인가? 그것은 순수의식이 아니다. 나베르는 『윤리의 여러 요소』에서 반성 대상은 잘못과 실패의 느낌, 당위devoir와 현실être의 차이에 관한 느낌이라고 한다. 반성은 윤리적 실패에서 시작된다. 리쾨르는 그것을 '존재의 결핍'이라고 한다. 그러므로 반성이 이루어지는 윤리적 차원은 칸트가 말하는 윤리와 다르다. 도덕법과 의식적 의지의 관계에서 생기는 윤리가 아니라, 존재욕망의 좌절을 가리킨다. 그런 실패의 느낌에는 표상이 들어가 있다. 과거에 이루어진 행위들이 일관성 있는 이미지를 가지게 되고 어느 시점에서 자신을 평가하여 실패의 느낌을 갖게 되는데, 그처럼 과거 행위의 이미지가 바로 표상이다.

당위와 현실의 차이는 사실 순수의식과 현실적이고 구체적인 의식의 차이이다. 반성이란 자기를 이해하고자 하는 노력인데, 자기 이해는 이런 차이에서 시작된다. 그 차이의 느낌이 반성을 일으키는 원인이다. 그러므로 자기 이해는 이론적이고 인식론적인 차원이 아니라 실천적인 차원에서 생긴다. 삶을 살며 말하고 일하고 작품을 만들며 순수의식과 차이가 생기는데, 그 차이에서 자기 이해를 위한 반성이 시작된다. 그 차이란 존재욕망이 현실에서 의도대로 실현되지 않으면서 느끼는 차이이다. 존재욕망과 존재결핍의 차이라고도 할 수 있다. 현실 의식은 그 순수의식과 현실의 차이를 의식하고 반성하는 의식적 주체이다. 이 차이는 칸트가 말하는 순수와 비순수의 차이보다 앞선 차이이다. 실패의 느낌은 도덕적 실패에 대한 느낌이 아니다. 그러므로 반성하는 주체는 도덕적 실패를 극복하려는 도덕적 주체가 아니다. 오히려 현실의식에서 구체화된 행위의 표상이 순수의식과 낳는 차이를 느끼는 것인데, 그것은 자아와 자아의 차이이다. 행위들의 실패의 표상이 현실의 나를 이루고, 순수한 자아의식이 또 다른 나를 이룬다. 그 차이를 의식하며, 의식 너머의 원초적 긍정을 자기 것으로 삼는 일이 반성하는 주체가 할 일이다. 리쾨르는 그것을 나베르가 제시한 철학의 과제라고 본다. 원초적 긍정이란 존재욕망이 낳는 의도이고, 이것은 세상 너머의 것이요, 순수한 자아의식을 이룬다. 그것은 "내 안에서 나에 의해 긍정되는 긍정이고, 그리하여 나의 긍정을 보장하고 지지하는 긍정이다"(나베르, 『윤리의 여러 요소』, 67쪽). 반성을 이끄는 힘은 바로 그 원초적 긍정이다.

장 나베르가 말하는 반성이란 자아가 자아를 세우는 최초 행위를 들여다보는 것이다. 나를 나로 확인하는 최초 행위를 나베르는 '본래의 자기긍정' 또는 '원초적 긍정l'affirmation orginaire'라고 한다. 나라고 하는 존재가 생겨나는 것은 나를 나로 확인하고 긍정하는 행위에 의한 것이다. 그런데, 그러한 자아 확인과 자기 긍정은 나와 나 사이의 차이 때문에 생기는 것이다. 나와 나 사이의 차이란 "순수 의식과 현실 의식의 차이"(253)를 가리킨다. 앞에서 말한 대로, 반성은 실패의 느낌에서 출발했지만 원초적 자기 긍정에 도달한다. 자아와 달라진 것에서 자아를 확인한다. 나베르가 말하는 반성은 앎을 낳는 주체의 조건을 따지는 칸트식의 선험적 자아를 찾는 게 아니라 의식의 원초적 긍정 곧 생생한 존재욕망으로 돌아가는 것이다. 자아의 행위는 존재욕망의 동기에서 비롯된 것이고 그런 행위가 기호와 언어를 타면 상징이 되고 텍스트가 되는 것이다.

자유는 칸트가 말한 무시간적 의지의 인과관계에 있는 게 아니다. 칸트가 얘기하듯이 감각적 현상에 매이지 않고 객관적인 도덕법에 매이는, 그런 예지적 차원에 자유가 있는 것이 아니다. 칸트의 의지보다 더 내면적인 자아의 행위, 그것을 경험하는 데에 자유가 있다. 칸트의 권위적 도덕법보다 먼저 자유로운 의식의 창조 행위가 있다. 그것은 법에 대한 의무감이 아니라 존재욕망에서 나오는 것으로서 칸트가 말한 동기 이전의 동기이고, 행위 이전의 행위라고 할 수 있다. 그 차원으로 돌아가는 것이 반성이고, 그런 면에서 반성이란 자아를 찾는 것이며, 자아의 원초적 긍정을 자기 것으로 삼는 것이다. 반성을 통해 의식의 행위로 돌아가서 의지의 인과관계가 아닌 정신적 인과관계spiritual causality를 확인하는 내적 체험이 자유의 경험이다. 그리하여 "철학은, 실존의 기호를 거쳐 원초적 긍정을 자기 것으로 삼아야 하는 과제를 안게 된다"(250).

나베르가 말하는 즉각적인 의식 또는 순수의식은 창조적이고 자유로운 의식의 활동을 가리킨다. 그것을 순수 행위라고도 한다. 그것은 지속적으로 일어나는 것이다. 나베르가 지속la durée이라고 부르는 것은, 베르그송의 개념이기도 한데, 일상적인 시간과 대비되어 쓰이는 개념이다. 순수 행위가 기호와 상징으로 표상화되는 것은 지속이 멈추고 시간으로 들어온 것이다. 그것이 실존의 세계이다. 반성은 시간 속에 표상화된 자아의 작품과 상징을 통해 자아의 순수 행위로 돌아가는 것이다. 가치도 그런 표상과 상징의 세계를 이룬다. 가치의 세계는 존재욕망을 표현한 표상의 세계이고, 그 욕망을 감추면서 드러내는 상징 세계이다. 나베르는 그러한 표상이 "바탕을 축소하거나 약하게 하는 것은 아니다"(251)고 말한다. 본질을 추구할 것이 아니라, 존재욕망이 표상화된 실존적 현실을 매개로 존재욕망의 원초적 긍정을 찾는 것이 철학적 반성이 할 일이다. 그러므로 표상을 극복하는 게 아니라 표상을 해석해야 하는 것이다. 이러한 태도는 시간과 언어로 이루어진 세상을 긍정하는 태도이고, 세상을 진리의 매개로 보려는 것이다. 시간을 긍정하는 태도요, 인간의 일상적 삶을 긍정하는 태도이다. "우리가 거래하는 세상 전체와 모든 존재자는 해독해야 할 텍스트라고 할 수 있다"(253). 이러한 나베르의 사상을 통해 폴 리쾨르는 반성철학의 중심에 해석학 차원이 들어 있다는 확신을 얻게 된다. "반성은 해석학이 될 수 있고, 해석학이 되어야 한다"(253).

4. 하이데거의 존재론

리쾨르는 하이데거의 기초존재론을 이용해서 '나는 존재한다'의 해석학을 세우고자 한다. '나는 존재한다'의 해석학이란 세 가지 의미를 지닌다. 첫째, 나와 존재의 관계가 해석학적으로 연관되어 있다는 점이다. 존재의 힘에서 나온 언어를 해석하면서 나는 나를 이해한다. 둘째, 그러나 어떻든 나 곧 주체의 문제가 하이데거에서 사라지지 않았음을 강조한다. 하이데거는 '나'라고 하는 말을 사용하지 않지만, 나의 문제가 사라지지 않았다. 하이데거가 말하는 존재는 나의 존재이다. 셋째, 이 모든 얘기는 데카르트의 생각하는 나가 제일 진리가 아님을 말한다. 세 번째부터 설명해 보자.

리쾨르는 『존재와 시간』에서 보여 준 하이데거의 존재론이 데카르트의 코기토 비판에서 출발한다고 본다. 나의 존재에 관한 물음이 나에 관한 인식의 바탕을 형성한다. 하이데거는 존재 물음의 망각을 지적했다. 이것은 코기토가 자기 인식의 주체임을 내세우는 것에 대한 반박이다. 주체는 물음에서 시작한다. 물음은 물음의 대상에 의해 그 물음의 방향이 이미 정해진다. 그래서 그 앎의 종류가 달라진다. 물음의 대상이 자연일 때는 과학적 앎으로써 확실한 경험적인 앎을 말할 수 있을 것이다. 그것은 이른바 주객관계의 도식에서 생기는 앎이고, 나는 앎의 주체로 확실하게 선다. 그러나 물음의 대상이 삶이나 나 자신이라면 얘기가 달라진다. 데카르트는 생각하는 자아res cogitans가 자연res extensa을 파악하는 주체가 되고, 모든 외부 경험에도 불구하고 그러한 경험을 가능하게 하는 일관된 통일성을 가진 자아를 설정했다. 그러한 자아를 실체로 보았고 주체로 보았다. 그러나 그러한 주체는 허망한 것이라는 점을 하이데거는 지적하고 있고, 리쾨르가 『해석의 갈등』에서 줄곧 주장하고 있는 점도 그 점이다. 리쾨르는 데카르트의 코기토가 존재 망각으로 이어진 이유를 하이데거가 『세계상의 시대』라는 책에서 잘 설명하고 있다고 본다. 데카르트의 코기토는 진리가 아니라 시대적 산물일 뿐이며, 세계를 대상화해서 주체 앞에 세운Vor-stellung 과학의 시대에 출현한 주체일 뿐이다. 세계의 객관화와 함께 자아의 주관화가 발생한 것이다. 주관은 객관을 파악해서 주무르는 주체이다. 그리고 주관은 자기 스스로를 객관적 존재자들처럼 파악하고 있다고 믿는다. 그런 점에서 나는 "눈앞의 것으로서 개념 파악되고 있다"고 하이데거는 비판한다(마르틴 하이데거 저, 이기상 역, 『존재와 시간』, 까치, 1998, 161쪽). 내가 스스로 나를 세우는 것이다. 그러나 그 내가 누군지 내용은 없다. 데카르트의 나는 형식주의 에고라고 할 수 있다. 칸트 윤리가 상황 속의 구체적 규범들을 모두 담기 위해 내용 없는 형식주의에 멈추었듯이, 데카르트와 후설의 자아는 모든 상황을 주도하기 위한 형식적 주체를 설정했다고 볼 수 있다. 그러나 하이데거의 존재론은 다르다. 하이데거에게서는 존재 물음이 곧 나에 대한 물음이다. 나는 존재 물음에 의해 형성된다. 나는 답의 주체가 아니다. 나에 대한 이해는 존재의 부름에 이끌려 생기는 것이다. 사실 물음 자체가 나의 존재에 이끌려 생긴다. 내가 묻는 존재에 의해 내 물음이 규정된다. 물어서 아는 앎 곧 이해는 존재 구조이지 인식론적 주체가 주도한 결과물이 아니다. 후설에게서 나는 의미의 생산자로 보지만, 하이데거에게서 나는 존재의 의미를 묻는 자이다. 내가 묻지만, 나는 묻는 대상에 의해 이끌려 묻는다. "물어지고 있는 것(존재)이 한 존재자의 존재 양태로서의 물음과 기이하게 '뒤로 또는 앞으로' 연관되어 있다"(『존재와 시간』, 19쪽). 이런 순환 관계에서 주체가 탄생한다. 생각하는 나의 확실성은 제1 진리가 될 수 없고, 그 바탕에 존재의 층이 있다고 보는 것이다.

존재의 층이라고 했지만, 전통적인 형이상학적 존재론의 존재는 아니다. 플라톤과 아리스토텔레스에서 시작된 형이상학은 세상 사물의 존재와 이념적인 최고 존재의 구별을 두었다. 형이하와 형이상의 구별을 두어서, 인간세상보다 더 존재하는 순수한 이념의 세계를 설정했다. 하이데거는 그러한 형이상학적 존재론을 가리켜 존재신학onto-theologie이라고 부른다. 존재신학이라는 말은 그리스의 형이상학과 그리스도교 신학을 합해서 부르는 말이다. 그리스 철학자들의 존재론이 그리스도교에 흡수되어 신을 설명하는 데 사용되었기 때문이다. 아우구스티누스와 아퀴나스는 그리스 존재론을 빌려와 신과 세계를 설명했는데, 신을 존재 자체라고 했으며, 인간 세상보다 신을 더 현실적인 것으로 보려는 경향이 있었다. 그러한 존재신학은 세상에 집착하지 않아 마음의 자유를 누리도록 하는 자기수양과 연관되어 있었다. 그러나 하이데거는 계몽주의 이후의 철학자요, 그리고 실존철학의 영향을 받은 학자로서 형이상학에서 벗어남은 물론이고, 보편성을 중시하는 인문주의와도 다른 길을 간다. 하이데거는 '나'에 해당하는 존재론적 개념으로 현존재라는 말을 사용하고 있다. 존재는 '나의 존재'로서만 고찰된다(『존재와 시간』, 160쪽). 하이데거가 말하는 존재는 '나'와 붙어 있는 '존재'를 말하는 것이며, 그러므로 초월적이고 형이상적인 타자로서의 신이 아니다. 근대 주체철학과 현상학이 제시한 '나' 곧 의미의 기원이자 존재의 힘으로 제시한 '나'를 해체하는 데 하이데거의 관심이 있다. 하이데거는 인간이 영혼과 육체의 결합이라고 보지 않으며, 의식, 정신, 의지, 마음, 주체 같은 인문주의적이고 신학적인 용어를 의도적으로 사용하지 않는다. 그 대신 염려Sorge, 기획투사Entwurf, 본래성Eigentlichkeit 같은 존재론적 용어를 사용해서 나의 정체와 가능성을 이해한다.

리쾨르가 하이데거의 존재론을 가져온다고 해서, '나'라는 말이 갖는 의미가 없어지지는 아니다. 오히려 리쾨르는 "코기토 철학을 존재론 차원에서 다시 세워 보고자 한다"(257). 하이데거는 '나'를 존재론적으로 표현해서 '현존재Dasein'라는 말로 바꾸었지만, 하이데거 역시 "'자아'는 현존재의 본질적인 규정성의 하나이다"(『존재와 시간』, 163쪽)라고 분명히 말한다. 진리는 고유한 자기 자신이 되는 문제이다. 중요한 것은 보편화가 아니라 개별화Individuation이다. "현존재에게는 각자성이 본래성과 비본래성의 가능조건으로서 속하고 있다"(『존재와 시간』, 80쪽). 칸트처럼 보편이성을 중시하는 인문주의에서 나는 참사람이 됨으로써 참나가 된다. 참사람은 아리스토텔레스의 형이상학이나 아퀴나스의 존재신학에서는 '형상形相, forma'이라는 개념으로 설명된다. 형상과 원형을 실현하여 사람 됨됨이가 완성되면 참사람이 되는 것이다.

그러나 하이데거의 존재론은 참사람이 아니라 참나를 추구한다. 참나가 될 가능성이 존재 가능이고, 나는 항상 존재 가능으로 나를 이해한다. 무아가 되어 참나가 되는 운동을 가리켜 존재라고 한다. 어느 철학이나 장차 내가 되어야 할 모습의 당위를 말한다. 그런데 하이데거가 특별히 『존재와 시간』에서 현존재가 직면한 당위를 가리키기 위해 사용하는 용어는 '본래성Eigentlichkeit'이다. 소유로 형성되는 나의 정체성은 물론이고 인문주의에서 공공선을 세우기 위해 제시한 도덕적 당위 역시 하이데거가 볼 때는 비非본래적인 것이다. 도덕을 가리켜 하이데거는 공공성(『존재와 시간』, 177쪽)의 영역에 속하는 것으로 본다. 도덕적 자아 역시 자기 자신으로 살지 못하고 '그들das Man'로 사는 셈이다. 특정한 사람이 아닌 불특정 다수로서, "그들은 아무도 아니다"(『존재와 시간』, 178쪽). 하이데거는 『존재와 시간』의 1편 현존재에 대한 예비적 고찰에서 나는 누구인가라고 묻는다. '그들'은 내가 누구인가를 묻는 그 '누구'에 대한 답이 되지 못한다. 그들은 아무도 아니기 때문이다. 자기 자신으로 있지Selbstsein 못하고, 일상성 속에서 남들과 더불어 살며 소유로나 도덕적으로 평가되어 사는 것은, 그들의 통치 속에서 내가 나를 상실한 것이다. 다시 말하면 비본래적인 것에 빠져 존재가능을 잊고 사는 것이다.

나는 무아가 되어 참나가 될 가능성으로 존재한다. 리쾨르는 하이데거가 죽음의 자유에서 비로소 내가 누군지를 찾는다고 본다. 죽음은 생물학적 죽음을 가리키지 않고, 내가 사라지는 것을 가리킨다. 그들 속에 빠진 일상적 자아가 사라지면 존재만 남는데, 그때의 존재는 무연관성이요, 무성Nichtigkeit이다. 하이데거가 말하는 존재는 나와의 관련성에서 무아를 가리킨다. 죽음의 자유에서 내가 자기 자신이 된다는 말은, 무아에서 참나가 된다는 말이다. 그러한 존재가능성Seinskönnen으로 나를 이해할 때 나를 제대로 이해한 것이다. 그것이 하이데거가 말하는 현존재의 자기 이해이다. 그러므로 나의 존재 가능성은 나와 나의 거리를 가리킨다. 나는 언제나 내가 될 가능성이 있을 뿐이다. 나는 아직 내가 되지 못했다. "일상적 현존재의 주체(즉, 나라고 하는 주체)는 그때마다 각기 나 자신이 아닐 수 있다"(『존재와 시간』, 161쪽). 그런데 현상학에 따르면, 내가 "'누구인가'는 나 자신에서부터, '주체'에서부터, '자기 자신'에서부터 대답되고 있다"(『존재와 시간』, 160쪽). 그것이 문제이다. 데카르트가 말하는 나의 실체성과 주체성은 세계와 독립해서 스스로 정립되는 자아를 설정하고 있다. 데카르트는 세계를 대상화해서 인식하고 통치하는 주체를 설정한 것이며, 그러한 주객

관계에서 실체적 자아의 확실성을 만들어 낸 것이다. 그러나 그러한 자아는 자기 자신이 아니며, 본래적 자아를 찾기 위한 존재물음을 망각한 일상적 주체에 지나지 않는다는 것이 하이데거의 지적이다.

"본래적으로 실존하는 자기의 동일함은 체험의 다양성 속에서도 자신을 견지하는 자아의 동일성과는 존재론적으로 하나의 심연에 의해 갈라져 있는 것이다"(『존재와 시간』, 181쪽). 번역본에서 자기와 자아로 구분한 이 구분은 결국 일상적으로 내가 아는 나는 내가 아니라는 말이다. "현존재(나)는 분명히 존재적으로 나에게 가장 가깝다. 내가 바로 현존재이다. 그럼에도, 바로 그렇기 때문에 존재론적으로는 가장 멀다"(『존재와 시간』, 32쪽)는 말도 그렇다. 흔히 내가 그 누구보다 나에게 가깝다고 느낀다. 존재적으로 가깝다는 말은 그 뜻이다. 그러나 무아가 참나라고 보면, 나는 나에게서 가장 멀다. 차라리 타자는 일상성 속에서 그들의 일부로 나와 공통점을 가지고 있는데, 참나는 내가 사라져야 되므로 나로부터 가장 멀다. 내가 되는 것은 과제이고, 나는 직접 의식으로 나를 알 수 없다. 그렇다면 내가 되고 나를 아는 데 매개체로 언어가 중요한가?

여기서 언어의 문제가 대두된다. 리쾨르는 후기 하이데거의 언어철학과 묻는 주체의 존재물음을 연관시킨다. 다시 말해서 리쾨르는 하이데거의 『존재와 시간』과 전회 이후의 후기 사상을 연결시켜, 하이데거의 현상학적 존재론을 해석학으로 바꾼다. 이 책 127쪽에 나오는 다자인Dasein에서 '다Da'는 '거기'라는 뜻으로 나는 존재가 드러나는 자리임을 표현하는 말이다. 다자인은 직역하면 '거기에 있음'이고, 우리말로는 현존재現存在라고 번역한다. 그런데, 리쾨르는 '거기에 있음'의 '거기'에 언어를 집어넣어도 된다고 본다. 하이데거의 언어철학에서 언어는 현-존재의 그 '현', 다시 말해 '거기'에 해당한다. 나는 말이 발생하는 자리요, 말을 통해 존재가 드러나는 자리이다. 참다운 주체는 존재의 부름에 응답하면서, "언어의 힘을 통해 존재의 힘을 보존한다"(265). 그러나 언어는 또한 존재를 구획 짓는 폭력이기도 하다. 말로 하면 그만큼 진리가 삭감된다. 그러므로 언어에는 존재가 드러나면서 은폐되어 있다. 그래서 그 언어는 상징 언어요, 언어 해석을 통해 존재 또는 존재의 힘이 드러난다. 그리고 해석은 언어 곧 상징의 힘에 이끌려 이루어진다. 하이데거가 시 언어에서 구원을 찾는 까닭도 거기에 있다. 하이데거에게서 언어는 말하기 전에 먼저 듣는 언어이다. 말의 본질은 말을 하는 데 있지 않고 듣는 데 있다. 존재가 나를 부르고, 존재의 부름이 말의 본질을 이룬다. 언어는 "사람이 말하는 것이 아니라, 사람에게 말하는 것이며, 사람은 언어 가운데서 태어난다. 또는 세상으로 오는 모든 사람을 비추는 로고스의 빛 가운에서 태어난다"(357). 로고스란 존재의 힘에서 나와 존재의 힘을 전하는 말을 가리킨다. 내가 하는 말은 존재의 부름을 듣는 말이다. 시는 하는 말이기보다는 듣는 말이다.

리쾨르는 하이데거의 존재론과 언어철학을 연결해서 자신의 상징해석학의 틀을 마련한다. 다만, 인식론의 차원을 거쳐서 존재론으로 간다. 하이데거의 존재론이 인간학의 차원을 벗어나려고 하지만, 나의 문제는 여전히 살아 있다는 점을 리쾨르는 강조한다. 존재의 부름을 따라 묻지만, 그래도 내가 물어야 존재의 힘이 드러난다. 묻는 주체인 내가 묻는 방식에 따라서 존재의 힘은 각기 다른 모습으로 드러날 수 있다. 조각난 존재론이다. 리쾨르가 최종적으로 가려는 지점은 방법과 진리의 순환이다. 그것을 위해서 주체와 존재의 순환을 확보하려고 한다. 나는 존재한다의 해석학을 말하는 까닭도 거기에 있다. 나와 존재가 해석으로 연결되어 있을 때 주체와 존재의 순환이 확보된다. 그래서 리쾨르는 하이데거의 존재론 속에서도 특별히 나라고 하는 주체를 건져 올린다. 나는 존재가 현현하는 자리로서 현존재이지만, 존재를 묻는 자로서 나이다. 내가 물어야 알게 될 것이다. 물론 여기서 알게 된다는 것은 해석학적 이해를 가리킨다. "이미 이해한 것을 이해하며 자기 것으로 삼는 것"(『존재와 시간』, 206쪽)이 해석이다. 그런 점에서 나는 앎의 주체는 아니더라도 물음의 주체이고, 먼저 묻는 점에서 나의 물음의 우위를 말할 수 있다. 물론 "현존재 물음의 우위는 존재적 우위로서, 존재 물음의 존재론적 우위와 섞여 있다"(257). 하이데거는 존재적인 것das ontik과 존재론적인 것das ontologische을 구분한다. '존재적'이라는 말은 '일상적으로' 또는 '현상적으로' 라는 말로 이해해도 될 것이다. 먼저 물어야 답이 있다는 점에서 물음의 우위를 말하는 것은 존재적인 것일 뿐이다. 그러나 그 물음이 물음의 대상인 존재에 의해 이끌리는 것이라면, 존재론적 우위는 물음의 주체에 있지 않다. 내가 묻지만, 물어지는 것이 나의 물음을 유발했다. 묻게 하고 말하게 하는 존재의 힘은 내게 있지 않다. 그리하여 리쾨르는 주체와 존재의 순환을 말한다. 그렇게 함으로써 반성철학의 유산인 주체를 살리고, 다른 한편으로 하이데거의 존재론이 신비주의로 가지 않게 하는 것이다. 주체와 존재의 순환은 방법과 진리의 순환이다.

하이데거의 존재론을 리쾨르가 흡수하는 것은, 존재욕망과 노력의 차원을 코기토보다 더 근원적 차원에 두는 데 하이데거 철학이 유용하기 때문이다. 리쾨르가 사용하는 존재하려는 노력이란 말은 스피노자의 용어를 가져온 것이다. 그러나 리쾨르가 사용하는 존재욕망이라는 말은 나베르의 생 철학적 차원도 흡수하고, 하이데거의 존재론적 염려Sorge 또는 기획투사Entwurf라는 말도 흡수한다. 그리고 프로이트의 무의식 분석과 헤겔의 정신도 흡수한다. 종교현상학도 존재욕망의 차원으로 말한다. 그처럼 삶의 바탕을 존재욕망과 노력이라는 말로 통일한다고 해도, 나베르의 반성철학에서 보이는 존재욕망과 프로이트의 정신분석의 존재욕망과 헤겔의 정신은 서로 다르다. 그래서 리쾨르는 하나의 존재론을 거부하는 것이다. 하이데거의 존재는 의식에 앞선 존재의 힘과 존재욕망의 차원을 회복하는 데 도움을 주지만, 다양한 형태의 표상을 분석하는 방법으로 해석된 다양한 존재욕망을 담을 수 있어야 한다. 진리는 다양한 방법에 따라 다른 모습으로 드러나는 것이다. 그럼에도 불구하고, 다양한 형태의 존재욕망을 하나의 존재론 안에 묶을 수 있는 이유는 그것들에게 공통된 점이 있기 때문이다. 그 존재욕망들이 반드시 기호와 언어로 나와 해석학적 차원을 가지게 된다는 것이다. 리쾨르는 하이데거 전기의 현존재 출현은, 하이데거 후기의 언어의 출현과 같다고 본다(255). 다시 말해서 존재가 드러나는 현존재는 곧 언어의 세계를 가리킨다. 언어로 나온 존재가 현존재인 것이다.

6장
악의 상징과 해석학

1. 악의 상징

인간의 잘못과 죄를 상징 언어로 고백한 말이 악의 상징이다. 악이라고 하면 두 차원이 있는데, 자연재앙이나 물리적이고 심리적인 고통과 불행이 악이고malum physicum 또한 인간의 죄도 악malum morale이다. 악의 상징은 고통이라는 악과 잘못이라는 악의 인과관계를 설정하는 데서 생긴다. 고통을 벗어나고자 고통의 원인을 찾는 과정에 인간의 잘못을 고백한다. 악의 상징은 리쾨르가 종교현상학을 해석학으로 만드는 데 중요한 계기가 된다. 현상학은 악의 가능성까지만 말할 수 있지만, 왜 악의 가능성이 악의 현실이 되는지 그 필연성에 대해서 말하지 못한다. 의지의 현상학은 윤리적 세계를 마련할 수 있지만, 종교는 윤리로 환원될 수 없는 측면이 있다. 악이 필연적이지 않은데 필연적이 되고 마는 현실 경험에서 나오는 고백의 언어가 있다. 현상학은 악을 자유의지의 산물로 말하지만, 그러나 살다 보면 악이 운명처럼 느껴지는 경우도 있다. 자유와 운명이 겹치는 차원이 있어 악은 합리적인 언어로 다 설명할 수 없다. 종교 문서에 들어 있는 고백의 언어는 말로 다할 수 없는 인간의 처지를 말로 드러낸 말이다. 드러내지만 감춘다. 어차피 말로 다할 수 없는 것을 말로 한 것이기 때문이다. 악의 문제에 대한 근원적인 언어들은 상징과 신화의 형태를 가지게 된다.

리쾨르는 서로 다른 세 가지 층의 언어가 인간의 잘못을 말하기 위한 상징으로 쓰였다고 본다. 그 잘못이 금기를 어긴 것이면 '흠souillure'의 상징이고, 흠을 표현하기 위해서 물리적 접촉이나 오염과 관련된 상징 언어들이 동원된다. 때나 얼룩 같은 언어를 동원하는데, 때가 묻거나 얼룩지게 되면 정한 것이 부정하게 된다. 흔히 부정 타는 것을 두려워하는 종교적 심성은 홈 차원의 상징 언어들을 사용한다. 그러나 근원적인 잘못을 신과의 인격 관계 훼손에서 찾을 때에는 '죄péché'의 차원으로 넘어간다. 죄를 표현하기 위해서는 길을 잘못 들거나 과녁이 빗나가는 등의 상징 언어들이 동원되었다. 흠이나 죄는 집단적 성격을 지닌다. 죄는 다함께 짓는 잘못이고 따라서 죄의 차원에서는 누가 누구를 정죄할 수 없으며 연대책임의 문제가 제기된다. 한편 도덕과 법을 어긴 개인의 잘못을 따지는 의식은 '허물culpabilité' 차원이라고 할 수 있다. 개인의 허물을 표현하기 위해서는 무게나 짐 같은 상징 언어가 동원되었고, 그리스 도시국가에서 법적인 개념으로 많이 사용되었다. 역사적으로 보면 흠이 가장 오래되었고, 허물이 가장 나중에 출현했다. 허물은 나중에 발달된 윤리적이고 법적인 차원의 죄의식이며, 개인의 행위에 따라서 그때그때 선과 악이 나누어진다. 죄를 지은 자와 짓지 않은 자가 갈린다. 그리고 의식적으로 저지른 잘못에 대해서만 죄의식을 갖는다. 그러나 유대인들의 죄의식은 개인의 잘못을 가리는 허물의식과 다르다. 모두가 함께 죄를 짓고 있으며, 내가 알고 짓는 죄뿐 아니라 모르고 짓는 죄도 있다. 하나님 앞에서 모두가 죄인이다. 악에 대한 개인 책임보다는 집단 전체의 책임을 묻게 된다. 이 것은 그리스도교에서 인류의 죄 또는 원죄를 말하는 쪽으로 발전했다. 흠과 죄는 거룩한 존재 앞에 선 인간의 의식을 표현한 것이다. 흠은 말하자면 원시종교에서 느낀 죄의식인데, 부정 탄다고 하는 말을 사용하던 시절의 죄의식이다. 유대교와 그리스도교의 특징은 흠이 아닌 죄를 강조하는 데 있다. 구약성서에는 흠의 차원에서 죄의 차원으로 옮겨 가는 과정이 보인다. 동물을 제물로 드리는 규정은 흠을 없애고자 하는 차원이고, 신약성경에는 흠 의식을 비신화해서 완전히 죄의 차원으로 바꾸고자 한 노력이 보인다. 어떻든 이러한 악의 상징은 인간의 악의 고백과 존재욕망이 말로 나온 것이다.

흠과 죄와 허물의 상징이 일차 상징이라고 한다면 신화는 이차 상징이다. 신화에는 인물이 나오고 시간과 공간에서 벌어지는 사건이 등장한다. 그래서 이야기로 되어 있다. 신화는 크게 두 부류로 나뉘는데, 악의 기원을 사람 밖에서 찾는 신화와 사람에게서 찾는 신화로 나눌 수 있다. 바빌로니아의 창조시인 에누마 엘리시와 그리스의 비극 신화와 오르페우스 신화는 악의 기원을 사람 밖에서 찾는다. 악의 기원을 사람 밖에서 찾으면 악은 운명이 되고 사람의 책임은 없어진다. 반면 성서의 창세기 3장에 나오는 아담신화는 악의 기원을 인간에게서 찾는 대표적인 신화이다. 그런 점에서 아담신화는 악을 운명으로 보는 신화들을 비신화화하며 인간을 주체로 세운다. 아담신화에서 악의 책임적 주체는 인간이다. 아담신화는 분명히 악이 인간의 자유로운 선택에서 발생했다고 본다. 그러나 아담신화 안에는 개인의 책임을 묻는 도덕적 세계관과는 다른 인간 이해도 들어 있다. 인간을 죄로 유혹한 뱀의 존재가 그것을 말해 준다. 사람은 이미 형성된 어떤 죄의 힘 안에서 죄를 짓는다. 이렇게 해서 개인에게 죄의 책임을 물을 수 없는 죄의 비극성이 등장한다. 인간이 죄를 짓기 전에 뱀이 유혹을 했다면 악의 책임은 인간이 아닌 어떤 악한 힘에게 돌려야 하지 않을까? 아담신화에는 윤리적 세계관과 비극적 세계관이 결합되어 있다. 윤리적 세계관에서는 인간을 자유로운 윤리적 주체로 이해한다. 거기서 악은 극복할 수 있는 것이며, 저지른 악과 고통에 대해서는 인간이 책임을 져야 한다. 비극적 세계관이란 죄와 고통을 인간의 운명으로 받아들이는 세계관이다. 인간은 책임질 수 있는 주체가 아니고 죄의 권세에 휩쓸려 죄를 짓고 고통을 당한다고 본다.

합리적 사유는 상징을 비신화화한다. 개인의 도덕적 책임을 물을 수 없는 부분은 의미 있게 보지 않는다. 그래서 철학은 종교적 상징을 윤리로 바꾼다. 그처럼 상징의 풍요로움을 비신화화해서 윤리로 바꾸는 것을 리쾨르는 알레고리적 해석이라고 한다. 마니교와 싸운 초기 아우구스티누스도 그 일을 했고, 근대에는 칸트가 그 일을 아우구스티누스보다 더 철저하게 했다. 그것은 물론 서로의 주된 관심이 달랐기 때문이다. 아우구스티누스는 마니교와 영지주의에 대항해서 악의 원인을 신에게 돌리지 않는 데 관심이 있었고, 칸트는 신학에서 벗어나 인간이 가치판단과 도덕의 주체임을 확보하고자 한 계몽주의자였다. 인류사상사에서 자유의지란 개념을 처음으로 확실하게 사용한 학자가 아우구스티누스이지만, 모든 악이 자유의지에서 나왔으며 따라서 악의 극복도 자유의지의 책임이라는 점을 일관되게 설명한 사람은 칸트이다.

칸트는 선과 악이 순전히 인간의 의지에서 발생하는 것으로 보았다. 그는 『도덕 형이상학 정초』에서 "선 그 자체는 선한 의지이다"라고 선언했다. 이 말 자체는 신학적 윤리를 벗어나는 선언이라고 할 수 있다. 신학에서는 선을 신이라는 실체로 보기 때문이다. 그리스도교는 사탄이라는 실체를 비신화화하고 악이 인간의 의지에서 생겼다고 했지만, 선의 근원은 선한 신에게 있다고 봄으로써 신화적 요소를 간직하고 있다. 우주의 운행과 인간의 마음을 움직이는 힘을 고대 형이상학에서 능동인causa efficiens이라고 불렀는데, 그리스도교에서는 선한 행위의 능동인을 선한 신에게서 찾았다. 그래서 윤리적 세계관과 초윤리적 세계관을 동시에 품고 있다. 그러나 칸트는 선과 악의 양 측면에서 철저하게 윤리적 세계관을 제시했다. 양심의 명령대로 하면 선이고, 그 명령은 내가 내게 내리는 것이며 나는 그 명령을 따를 수 있다. 나 자신이 입법자이며 준법자가 됨으로써 나는 선의 주체이다. 이것이 근대적 인간인 칸트가 말하는 자율이다. 그는 『이성의 한계 안에서의 종교』에서 인간의 뿌리 깊은 악을 말하고 악한 본성에 대해서 말했지만, 그 본성은 자연이 아니라 의지의 산물이라고 보았다. 그러므로 악한 본성을 극복하는 일도 인간의 자율적 의지가 감당할 책임이다. 그는 본성Natur과 소질Anlage을 구분해서 인간은 본성이 악함에도 불구하고 근원적 소질은 선하다고 했다. 다시 말해서 뿌리 깊은 악을 이길 힘이 인간의 이성 자체에 있다고 본 것이다. 그렇게 함으로써 칸트는 적어도 자유의지의 측면에서 합리적 인간관을 완성했다.

그러나 그런 합리적 반성을 넘어 죄의 비극성을 회복해야 한다. 그래야 도덕주의로 인간을 정죄하는 것을 막을 수 있다. 악의 문제를 인간이 모두 책임지려는 도덕주의에는 교만이 숨겨져 있다. 리쾨르의 해석학은 상징 해석학이고 신화의 풍부함을 살려서 근대의 주체를 수정하고자 한다. 신화의 의미를 다시 찾아 종교가 윤리로 환원되는 것을 막는다. 주의주의적인 해석을 넘어, 인간이 의지로 어떻게 할수 없는 비의지적 차원을 보이려고 하는 것이다. 그것은 플라톤에게서 시작된 논리적인 철학 언어 이전으로 돌아가 언어가 막 발생하는 지점의 충만함을 다시 회복하려는 노력이다. 합리적 철학 전통을 버리지 않되, 뜻이 넘치는 상징의 풍부함을 다시 찾으려고 한다. 그리하여, 신화에 들어 있는 비극적 세계관을 다시 살리면서 동시에 은총을 요구하게 될 것이다. 윤리적 세계관과 초윤리적인 비극적 세계관이 혼합되어 있는 신화가 아담신화이다. 그런 점에서 아담신화는 근대이성의 합리적 욕구를 만족시키면서 동시에 근대이성을 수정하는 데 도움이 된다. 존재의 힘을 사람의 의식 밖에서 찾는 리쾨르의 해석학은 악과 구원의 비의지적 차원을 찾는다.

2. 원죄론

성서의 아담신화를 바탕으로 인간의 본성을 생각한 신학 작업의 열매가 그리스도교의 원죄론이다. 원죄는 성서에 나오는 말이 아니라 신학적 사유에서 나온 것이므로 개념이라고도 할 수 있고, 아담신화의 풍부함을 그대로 간직하고 있으므로 상징이라고도 할 수 있다. 그래서 리쾨르는 원죄론을 합리적 상징이라고 부른다. 모든 신학 개념들은 철학 개념과 달리 합리적 상징이라고 봐야 한다. 그리스도교 신학의 산물인 원죄 개념에 따르면 악은 인간에게서 왔다. 그런데 또한 인간은 날 때부터 죄인이고, 죄를 타고난다고 본다. 악이 인간에게서 왔다는 것은 첫 인간 아담의 범죄를 가지고 하는 말이다. 그런데, 그 아담의 죄가 유전되어 모든 인간은 죄를 타고난다고 설명한다. 첫 사람 아담이 죄를 지었고, 그 아담 안에서 우리가 모두 죄인이라는 사도 바울의 말(로마서)을 아우구스티누스가 유전설로 설명했다. 원죄론에서 가장 논란이 많은 부분이 유전설이다. 사람에게 책임을 묻는 법과 윤리의 범주와, 유전되었다고 하는 생물학 범주가 함께 동원된다. 죄가 유전되어 죄를 짓는다면 적어도 현재의 사람들에게는 죄의 책임을 물을 수 없지 않은가. 죄를 지은 것은 아담인데 왜 죄의 책임을 우리가 져야 하는가. 유전에 관한 얘기만 따로 떼어 놓고 보면 악에 대해서 인간의 책임을 물을 수 없고, 오직 첫 사람 아담에게만 책임을 묻게 된다. 그러나 첫 사람 아담의 죄가 유전되었다는 말은 상징이다. 죄에 대한 인간의 책임을 묻는 윤리적 세계관과, 동시에 인간에게 책임을 물을 수 없는 비극적 상황을 모두 말하고자 한다. 첫 사람 아담의 범죄 얘기는 윤리적 세계관에서 나오고, 악의 기원을 인간 밖에서 두는 신화를 비신화화한다. 그러나 죄의 유전은 악의 기원을 사람 밖에 두는 이원론 신화의 흔적을 담고 있다. 그래서 원죄 개념은 상징이다. 다시 말해서 공학이나 자연과학의 개념 언어와 다르고 철학적 개념 언어와도 다르다. 그 개념의 속뜻이 있다. 상징 언어가 가리키는 뜻을 봐야 한다. 겉으로 드러난 일차적 의미에 갇히면 안 되고, 일차적 의미가 가리키는 이차 의미를 찾아야 한다. 원죄 개념에 들어 있는 유전설은 일차 의미에 지나지 않는다. 그것이 가리키는 이차 의미는 윤리적 세계관 너머의 비극적 상황에 대한 고백이다. 그리고 법적인 의미와 생물학적 의미 모두를 넘어서는 원죄론의 이차 의미는 케리그마요, 구원의 은총에 대한 희망에 있다. 또는 인간 주체와 신의 은총의 순환 관계가 원죄 상징의 의미라고 할 수 있다. 여기서 우리는 원죄 개념에 들어 있는 종말론적 희망을 봐야 한다. 미래의 빛에서 과거를 말하고, 종말론적 희망의 관점에서 태초 인간의 오류를 말하는 것이다. 구원의 힘이 어디서 나오는가를 말하기 위해 타락이 어떻게 일어났는지를 말하는 것이다. 인간의 의식과 의지를 넘어선 비의지적인 존재의 힘을 말하기 위해 비의지적인 죄의 필연성을 말하는 것이다. 원죄론이 말하는 죄의 비극성은 구원의 은총과 함께할 때만 의미를 가진다.

원죄론이 나오게 된 배경에는 이원론인 영지주의와의 싸움, 그리고 도덕주의자인 펠라기우스와의 싸움이 있다. 그리고 아우구스티누스가 먼저 제기한 명제는 악은 실체가 아니고 인간의 마음일 뿐이라는 점이다. 마니교와 영지주의는 인간 밖의 악한 실체가 인간의 마음을 지배해서 악이 발생하고 고통이 발생한다고 보았다. 아우구스티누스는 악의 원인은 인간의 마음에 있다고 보았다. 그런데, 그것만 말하면 인문주의와 다를 바 없다. 펠라기우스주의는 인문주의의 윤리적이고 법적인 세계관을 지녔다. 그러나 펠라기우스의 주장대로 인간은 자유로운가? 인간은 매 순간 첫 아담의 위치에 서서 선과 악을 선택할 자유를 누리고 있는가? 죄를 안 지으려고 하면 안 지을 자유가 인간에게 있는

가? 펠라기우스에 대항해서 원죄론은 죄의 필연성을 말한다. 현재의 인간은 자유의지를 가졌다고 할 수 없다. 그렇게 된 것도 인간의 죄 때문이지만 여하튼 현재의 인간은 자기 마음을 통제하지 못한다. 스스로 죄지을 수밖에 없는 상태로 만들어서 죄를 피해갈 수 없게 되었다. 여기에 죄의 실재론이라고 할 만한 것이 있다. 사도 바울은 죄의 권세를 말한다. 나의 의식은 이미 죄에 물들어 있다(315). 그것을 말하기 위해 죄를 타고난다고 하고, 또는 유전되었다고 하면서 생물학적인 언어를 가져오는 것이다. 한편으로 자유의지를 말함으로써, 악의 실체성과 악의 운명을 거부하여 인간의 책임을 묻는다. 그러나 다른 한편으로 죄의 필연성을 말한다. 회심 후 초창기에 쓴 『자유의지론』에서 아우구스티누스는 죄가 인간에게서 나왔음을 강조했다. 악은 자유의 산물이다. 그리하여 윤리적 세계관을 확립하고 마니교 신화를 비신화화했다. 그러나 감독이 되고 펠라기우스주의자들과 논쟁하면서 아우구스티누스는 일관되게 악을 개인의 허물로 이해하는 동시에 태어나면서부터 유전되는 것으로 보고 있다. 악은 원래 운명이 아니었지만 운명처럼 되었다. 사람은 죄 앞에서 자유롭지 못하며, 자유의지로 죄를 넘을 수 없다. 이제 죄는 우연이 아니라 필연이다. 의지의 철학이나 펠라기우스적인 주의주의volontarism로는 해결되지 않는 부분이다. 아담신화는 의식보다 앞선 죄의 연대성과 의지의 무능력을 가리킨다. 그렇다면 개념적으로는 서로 충돌하지만, 아담신화는 죄에 대한 인간의 책임과, 책임을 물을 수 없는 죄의 비극성을 동시에 말하고 있다. 그것이 신화의 풍부함이다. 결국 원죄론은 의지와 비의지를 동시에 말하며, 의지 안에 비의지가 들어 있다(319). 죄는 나의 책임이지만, 나의 책임이라고 할 수 없는 비극적인 요소를 갖고 있다. 우리의 죄 또는 인류의 죄가 나의 죄보다 더 뿌리 깊은 것일 수 있다.

그러므로 구원은 인간이 스스로 성취할 수 없고 밖에서 인간에게로 임한다. 존재의 힘은 사람 밖으로부터 온다. 프로이트와 헤겔의 경우에는 존재의 힘을 의식 밖에서 찾는다. 그러나 신학에서는 존재의 힘을 사람 밖이라고까지 말해야 할지 모른다. 언뜻 보면 개념적으로 모순인 원죄론은 악의 문제에서 신의 선하심을 확보하고, 다른 한편으로 세상의 악을 고발하며 신의 은총을 희망한다. 죄를 짓는 데 대한 법적이고 윤리적인 책임을 묻거나 생물학적인 유전을 말하는 것은 원죄론의 관심이 아니다. 첫 사람 아담이 죄를 짓고 그 죄가 유전되어 누구나 죄를 짓는다면, 책임은 첫 사람이 져야 하며 현재의 인간은 책임을 질 까닭이 없다. 그러나 원죄론의 관심은 거기에 있지 않다. 첫 사람 아담은 역사적 인물이 아니다. 유전설은 인간의 악한 본성을 시간적으로 이해하는데, 그런 점에서 원죄론은 여전히 신화적 요소를 버리지 않는 상징 언어로 남아 있다. 그런데, 첫 사람 아담이 초역사적이고 비시간적인 인물이라면, 누구나 첫 사람 아담의 처지에서 자유의지를 가지고 있는가? 그렇게 되면 펠라기우스의 얘기로 돌아가 인간은 자기 죄에 대해 책임을 져야 한다. 그러나 원죄론의 유전설은 인간이 죄를 지을 뿐 아니라 이미 있는 죄를 잇고 있다고 하는 비극적 상황을 말한다. 그래서 아담은 역사적 인물처럼 신화적으로 표현될 수밖에 없다. 합리적 철학이 신화로 돌아가 상징에 이끌려 생각해야 하는 까닭이 거기에 있다.

원죄는 개인의 죄가 아니라 세상의 죄요, 인류의 죄를 가리킨다고 봐야 한다. "세상 죄를 지고 가는 하나님의 어린 양 예수시여"(요한복음 1:29). 세상의 죄라면 다시 영지주의나 마니교의 우주론으로 돌아가는 것 아닌가? 그러나 원죄론에서 말하는 세상은 인간 세상이다. 인간이 만드는 세상이 죄의 구조를 갖고 있다는 말이요, 그러므로 원죄는 결국 구조 악을 고발하는 것이다. 구조 악이란 관습과 제도와 사고방식에 들어 있는 죄를 가리킨다. 인간의 삶의 방식에 들어 있는 죄이다. 리쾨르는 원죄가 '존재 양식'의 문제라고 본다 (315). 또는 '존재 구조'라고 한다(347). 구조가 악하기 때문에, 그 구조 안에서 살아가는 개인은 죄를 피할 수 없다. 그래서 죄를 타고난다고 말하는 것이다. 죄를 타고난다는 말은 상징적 표현인데, 죄의 유전자를 갖고 태어난다기보다는, 세상의 구조 악 속에 사는 한 죄지을 수밖에 없음을 말하는 것이다. 그러나 그 구조 악을 만든 것은 개인들이다. 지금도 한 개인은 구조 악을 벗어날 수도 있는데, 나쁜 구조를 다같이 함께 돌리고 있다. 삶의 방식이 되어서 어쩔 수가 없다. 구조 악에 대한 책임은 신이 아니라 인간에게 있다. 그러나 여기서 인간은 개인이 아니다. 다함께 치우

쳐 죄를 짓기 때문에 책임은 연대책임이고 책임의 주체는
인간세상이요, 인류이다. 개인은 세상의 죄를 통해 죄를 짓
는다. 개인은 여전히 책임적 주체이지만, 그러나 그 책임을
묻기에는 죄는 이미 존재의 구조가 되었다.

인간이 세상의 죄를 만들고, 세상의 죄에서 벗어날 가능
성이 없게 되었다. '부패한 본성'이라는 개념은 그 점을 가
리킨다. 원래 죄짓지 않을 가능성이 있었는데, 지금은 죄짓
지 않을 가능성이 없게 되었다. 본래는 선할 수 있고 악할
수도 있는 선택의 자유를 가지고 있었는데, 지금은 자유가
사라지고 죄의 노예가 되었다. 가능성이 불가능으로 변한
것을 가리켜 본성의 부패라고 한다. 이런 표현은 모두 아우
구스티누스의 신학적 언어들인데, 아담신화를 충분히 반영
한 언어이다. 본래의 가능성과 현재의 불가능성이라는 설
명에는 시간이 들어가기 때문이다. 그리고 그런 시간 개념
을 매개로 죄에 대한 책임과 책임질 수 없는 비극성을 같이
말한다.

그런데, 그처럼 죄의 깊이를 말하는 것은 구원의 은총을
말하기 위해서이다. 구원의 은총으로 인간에게는 가능성

이 생긴다. 이제 인간의 책임은 신의 사랑을 받아들이는 믿음의 문제가 된다. 자유의지를 사용하는 윤리적이고 법적인 차원이 아니라, 사랑을 받아들이는 종교적인 차원에서 새로운 희망이 열린다. 단순히 인간에게 책임을 묻는 윤리적 세계관과 달리 존재의 힘의 중심이 인간에게서 신에게로 옮겨간다. 아우구스티누스가 원죄론을 시작할 때, 자유의지론으로 시작한 것은 악의 책임을 신에게 돌리지 않으려는 의도가 있었다. 이제 죄에서 벗어날 가능성이 은총의 이름으로 신에게서 온다. 죄는 운명이 되었지만, 그러나 자유의 희망이 있기 때문에 죄의 운명을 말한다. 원죄론이 의도하는 것은 구원의 은총이다. 여기서 우리는 프로이트와 헤겔이 변증법적으로 종합되어 이루는 리쾨르의 철학적 인간학을 떠올리게 된다. 프로이트가 말하는 퇴행의 운명은 헤겔이 말하는 정신의 진보에 의해 의미를 가지듯이, 아우구스티누스가 말하는 죄의 운명은 신의 사랑의 힘이 이룰 자유의 희망과 함께할 때만 그 의미를 가진다. 리쾨르의 철학적 인간학에는 이런 운명과 진보의 변증법적 종합이 어디에나 들어 있다. 죄의 고백의 언어와 믿음의 희망의 언어가 원죄론이라는 상징 언어에 들어 있는 것이다. 개념의 뿌리는 신화이다. 개념 안에 들어 있는 신화적 요소를 읽을 수 있어야 원죄의 의미를 제대로 알 수 있다. 합리적 개념으로 양립하기 어려운 인간의 어떤 상황, 즉 자유와 운명의 양립을 표현하고 책임과 구원의 양립을 표현하는 것이 신화이다. 그렇게 신화는 인간의 자기 이해의 표현이다. 어떻든 원죄 상징에는 이처럼 많은 '의미의 층'이 들어 있다. 상징에는 뜻이 넘친다.

3. 종교현상학과 해석학

종교현상학은 기본적으로 비교 현상학이다. 지향성 분석을 통해 여러 종교의 여러 가지 상징들이 말하고자 하는 것을 찾는다. 그래서 종교의 본질을 통일적으로 말할 수 있는 일관된 체계를 세운다. 종교의 상징 언어들이 거룩한 존재를 지향하고 있음을 밝힌다. 그런 점에서 종교현상학은 거룩의 현상학이라고 할 수 있고, 종교 상징은 거룩의 상징이라고 할 수 있다. 그와 같은 현상학적 분석은 신화나 상징 언어를 사실로 받아들이지 않고 신화의 의도를 찾는데, 그 결과 신화와 상징이 악의 체험을 고백한 데서 생긴 것임을 밝힌다. 지향성 분석의 결과 집단적 고백의 언어에 도달하는 것이다. 신화와 상징은 삶의 고백이다. 근원과 관련된 인간의 자기 이해를 시공간의 언어로 표현한 것이 신화이다(434). 악의 경험은 신화에서 그 표현을 얻었다. 원죄라고 하는 악의 상징도 마찬가지이다. 현상학은 원죄론에 등장하는 유전설을 사실로 받아들이지 않고, 원죄 개념이 지향하는 것이 무엇인지를 찾는다. 그리하여 개념 이전에 죄의 고백과 구원의 희망이 섞인 케리그마가 있음을 드러낸다. 거룩한 존재의 은총을 바란다는 점을 기술한다. 그런 점에서 지향성 분석은 비신화화하는 반성이다.

현상학은 거기에서 끝이다. 현상학은 설명하지 않고 기술하기 때문이다. 설명한다는 것은 종교 현상의 기원을 찾아 심리학적 의미를 찾거나 아니면 종교의 사회학적 기능을 찾는 것이다. 그러나 현상학은 종교상징이 거룩한 존재를 지향하며 악의 경험을 고백하는 데서 생긴 것임을 밝히는 데서 끝난다. 종교현상학의 비신화화는 설명하지 않을 뿐 아니라 상징을 해석하지도 않는다. 종교현상학은 신화가 인간의 자기 이해의 표현이라는 점을 말하지 않고, 의식 밖의 거룩한 존재가 존재의 힘이 되고 의미의 기원이 된다는 점까지 나가지 않는다. 종교현상학은 상징이 상징을 넘어서는 싸움에 참여하지 않고 방관자적인 자세를 가진다. 삶의 표현인 상징에 머물고, 그 상징에 이끌려 더 생각하는 일을 현상학은 하지 않는다. 생각하는 주체가 상징에 들어 있는 삶 속으로 자신을 집어넣어야 해석학이 되는데, 현상학은 그 일을 하지 않는다. 그런 점에서 종교현상학에는 진리물음이 없고 믿음의 세계가 없다. 해석의 순환이 없다. 상징이 가리키는 존재의 힘에 이끌려 상징을 해석하고 삶을 이해하는 차원이 현상학에는 없다. 물론 현상학도 상징의 진리를 말한다. 예를 들어 엘리아데가 말하는 우주 상징이 인간 세상과 자연스레 연관되는 경우이다. 일차 의미가 유비類比를 일으키며 그런 작용을 한다. 그러나 그것을 가리켜 진리라고 한다면, 그것은 주관으로 환원된 진리이다. 상징의 존재론적 차원까지 가야 구원의 힘을 찾는 진리 문제가 발생한다. 그때에야 상징 철학이라고 할 수 있고, 해석

되면서 해석하는 문제가 발생한다.

악의 상징은 의미의 기원이 의식이 아니라 의식 밖의 거룩한 존재임을 알려 준다. 비의지적인 죄의 비극적 상황이 펼쳐지는 삶의 현실을 인정하고, 그 무의미의 세계에서 의미를 찾아야 한다. 비극적 상황에서 존재의 힘은 인간 주체에게서 나오지 않고 의식과 의지 너머에서 은총으로 다가온다. 상징을 해석하여 거기에 이르러 존재욕망과 노력을 확인하고 자기 것으로 삼는다. 물론 해석학적 주체는 의지적인 윤리 주체이기도 하다. 현대에 이르러 비로소 상징과 신화가 해석학의 문제로 부각되었다. 윤리적 주체만이 비극적인 인간 타락의 상황을 인식하고 뿌리 깊은 죄를 고백한다. 성인聖人일수록 자신이 죄인임을 안다. 윤리적 주체가 의미를 물으며 의지 밖의 존재의 힘을 찾아 존재의 힘에 이끌려 상징을 해석하는 것이다. 그렇게 해서 의지와 비의지의 순환이 있다. 윤리적 주체와 초윤리적 존재의 힘의 순환이 있다. 이런 풍부함이 원죄 상징에 들어 있다. 그리고, 오늘날 원죄론을 이해하는 태도가 그래야 한다. 현상학과 해석학의 만남은 원죄 개념에서도 이루어진다.

상징 해석학은 그처럼 상징과 신화에 들어 있는 풍부한 의미를 되살리고자 한다. 개념의 뿌리는 신화이다. 상징해석학은 신화를 사실로 보지 않지만, 그렇다고 펠라기우스나 칸트와 마르크스와 니체처럼 신화를 윤리로 바꾸는 합리주의에 빠지지도 않는다. 신화는 인간이 잡을 수 없는 바탕 또는 거룩한 존재와의 관계를 말로 표현한 것이다. 그경험은 제의 행위로 표현되었다가 언어로 나와 신화가 된다. 그러므로 신화는 근원적인 언어이며, 인류의 무의식차원에서 인간의 언어 세계를 이룬다. "신화와 상징을 찾는 것은 예전의 꿈의 세계로 돌아가는 것이라고 할 수 있다"(321). 리쾨르가 후설의 선험적 환원의 자리에 언어의 탄생을 두고, 선험적 상징기능을 말하는 것이 종교현상학에도 적용된다. 그리고 프로이트가 말한 무의식을 신화에 적용한다. 정신분석학에서 성 에너지가 이루는 무의식이 표상화되어 꿈을 이루듯이, 악의 문제와 관련된 인류의 경험이 신화에서 그 표현을 얻는다. 그런 점에서 신화는 꿈과 같으며, 꿈을 해석하듯이 신화도 해석해야 한다. 신화를 단순히 사실이 아니라고 보면 안 되고, 합리적인 인간학의 언어로 환원하면 안 된다. 프로이트의 무의식을 의식화하면서 존재의 힘을 찾듯이, 무의식의 세계를 이루는 신화를 해석하여 윤리적 주체를 찾고 동시에 주체 너머의 거룩한 존재에서 구원의 힘을 찾는다. 그런 점에서 아담신화는 상징 해석학을 기다리는 대표적 신화이고, 아우구스티누스의 원죄론은 상징 해석학의 대표적인 열매이다. 종교현상학적 해석학은 인간의 의지로 헤쳐 나갈 수 없는 죄의 힘을 고백하는 언어에 주목한다. 인간이 처한 불가능성의 비극을 찾아낸다. 그러나 여전히 비극을 이길 수 있는 가능성을 말하고 따라서 책임적 주체를 말한다. 따라서 리쾨르는 원죄론이 비의지적인 것의 비극을 염두에 둔 윤리를 말한다고 본다. 그러나 무게는 불가능성 쪽에 더 기울어 있다. 비극을 초래한 것은 주체의 의지인데, 이제 그 비극을 극복하는 것은 주체의 의지로 되지 않는다. 그러므로 존재의 힘은 의지 밖에서 은총으로 온다. 여기서 아우구스티누스는 윤리보다 믿음을 말한다. 비의지적인 구원의 힘을 바탕으로 윤리를 말한다. 윤리는 믿음의 효과이다. "의지는 구원의 힘속에서 수동적으로 개입한다"(319). 구원의 힘은 의지적 주체 밖에서 주도권을 행사하고 의지는 거기에 이끌려 작용한다. 여전히 주체적 의지를 말할 수 있다면, 그것은 비의지적 의지요, 은총 안에서의 주체라고 해야 한다. 원죄론은 초윤리적 세계관을 통해 개인에게 책임을 묻지 않고 용서의 은총을 끌어들여 도덕주의에서 해방하는 효과가 있다. 동시에 믿음을 통한 사랑의 책임을 말함으로써 윤리적 차원을 놓지 않는다. 다만 윤리는 은총에 대한 믿음의 효과라고 본다. 종교가 윤리를 낳는다. 믿음과 희망의 지성이야말로 죄의 상징과 아담신화가 우리를 이끌고 가는 최종 종착역이다.

4. 칸트와 아우구스티누스

리쾨르는 칸트가 아우구스티누스를 완성하는 측면이 있다고 본다. 칸트는 『도덕형이상학의 정초』와 『실천이성비판』에서 형식주의 윤리를 말하고, 『이성의 한계 안에서의 종교』에서 근본악을 연역했다. 형식주의 윤리는 구체적 도덕규범을 주지 않고 어떤 행위가 선이 되기 위한 조건만을 말하는 윤리 이론을 가리킨다. 그 조건은 마음의 조건이요 의지의 조건인데, 마음의 중심이 어디에 가 있느냐를 본다. 또는 속마음을 움직인 힘이 어디에서 나오는지를 본다. 형식주의 윤리는 말하자면 동기 윤리라고 할 수 있다. 동기의 순수함을 보거나, 어떤 동기가 우선했느냐를 보고 선악을 판단한다. 아우구스티누스는 성서의 전통을 따라 신에 대한 믿음에서 나온 행위라야 선하다고 보았다. 마음을 움직이는 힘이 선한 신에게서 나와야 그 행위가 선하다고 본 것이다. 루터도 믿음에서 한 행위는 지푸라기를 들어도 선하다고 했는데, 동기를 보고 선악을 판단하는 동기 윤리학의 진수를 보여 준다. 칸트의 형식주의 윤리는 그리스도교 전통을 세속화한 것으로 보면 된다. 칸트는 도덕법에 대한 존중심에서 행해야 선하다고 보았다. 다시 말해서 행복에 마음이 가 있지 않고 도덕적 의무 그 자체에 마음의 중심을 두어야 한다. 마음을 움직이는 힘이 도덕법 자체에서 나와야 도덕적으로 선하다고 할 수 있다. 칸트는 겉으로 도덕법에 맞아서 도덕적으로 보이는 합법성과 속마음이 도덕적인 도덕성을 구분한다. 그리고 겉으로만 도덕적 '의무에 맞는 행위'와 도덕적 '의무에서 나온 행위'를 구분한다.

　형식주의 윤리는 결국 인간의 뿌리 깊은 악을 말하지 않을 수 없다. 인간의 악한 본성을 보았기 때문에 형식주의 윤리를 말했다고 할 수도 있다. 칸트는 『이성의 한계 안에서의 종교』에서 근본악을 연역한다. 연역하지만 어디서 뿌리 깊은 악의 성향이 생겨났는지는 알 수 없다. 인간은 겉으로만 도덕적이면 속마음의 동기는 문제 삼지 않고 자신을 도덕적이라고 생각한다. 인간의 의식과 양심이 그렇다. 속마음의 동기는 언제나 순수하지 않고, 또 동기의 역전이 일어나기도 한다. 다시 말해서 도덕법에 대한 존중심보다는 이득에 대한 관심이 앞서서 행위할 때가 있다. 그래도 겉으로 도덕법에 맞으면 도덕성을 인정받는다. 그렇다면 인간의 선의식은 허위의식이라고 해야 한다. 인간은 선에 대해 무지하다고 하는 성서와 아우구스티누스의 말을 칸트가 그대로 잇고 있다고 할 수도 있다. 이런 인간 현실을 설명하기 위해서 모든 악한 준칙의 근거가 되는 악, 곧 악한 성향이 본성의 일부를 이루고 있다고 해야 한다. 이런 사유 과정을 선험적 연역이라고 한다. 악은 자유에 붙어 있고 자유를 사용하는 순간 악의 성향도 같이 작동한다. 그런 점에서 악은 이미 있는 것이라고 해야 한다. 그리고 그러한 악의 성향을 인간은 근절할 수 없다. 그렇다면 악은 거의 필연적이라고 해야 한다. 여기까지 보면 선에 대한 인간의 무지와 무능을 말하는 아우구스티누스를 닮았다. 칸트의 형식주의 윤리나 악의 선험적 연역은 아우구스티누스의 원죄론을 닮았다. 그리고 루터의 노예 의지론을 닮았다. 칸트의 근본악 이론은 신화를 철학에서 다시 살린 것이라 할 수 있다(479). 그런 점에서 칸트는 철저한 그리스도교 인간관의 후예이다. 그래서 리쾨르는 왜 칸트가 상징의 풍부함을 사용하지 않았을까, 의아스럽게 생각한다.

그러나 칸트는 가능성으로 결론을 짓는다. 그에게서 존재의 힘은 인간 내부의 이념이다. 의지의 신성성이라고 하는 궁극적 자유의 이념이 힘을 갖는다. 이념이 명령하고 그 명령이 명령을 이행할 힘을 준다. 해야 한다면 할 수 있다. 아우구스티누스가 인간의 자유의지를 말했음에도 불구하고 악의 우연성보다는 악의 비극성에 더 관심을 가졌다면, 칸트는 인간의 뿌리 깊은 악을 말했음에도 불구하고 결국 자유의지에 더 관심을 가졌다. 아우구스티누스가 말한 자유의지는 악의 책임을 인간에게 지우기 위한 것이다. 그에게서 인간은 악의 주체이다. 그러나 악을 극복하고 선을 행하는 주체는 인간이 아니다. 선의 능동인은 선한 신이요, 존재의 힘은 신에게서 온다. 물론 아우구스티누스도 의지의 역할을 말하지만 의지는 은총, 곧 비의지 안에서만 작동한다. 칸트는 아우구스티누스와 비슷하지만 다르다. 둘은 나란히 가는 것 같지만 끝이 다르다. 칸트는 악한 본성의 책임이 인간의 자유의지에 있다고 본다. 그 점에서 아우구스티누스와 같다. 그런데 악을 이기고 선을 행할 책임 역시 인간의 자유의지에 있다. 악의 성향을 근절할 수 없지만 근절할 수 있다. 칸트의 불가능한 가능성은 어디까지나 가능성에 초점이 맞추어져 있다. 인간 이성의 한계를 말하면서도 결국 인간의 숭고함과 이성의 위대한 능력을 강조한다. 아우구스티누스는 믿음의 효과로서의 윤리를 말했고, 칸트는 윤리의 효과로서의 믿음을 말했다. 칸트가 말하는 종교는 오직 "도덕에 의한 도덕을 위한" 종교이다. 『이성의 한계 안에서의 종교』를 보면 칸트가 얼마나 그리스도교를 옹호

하는지 알 수 있지만, 오직 도덕적 관점에서 그리스도교 교리를 해석하고 있다. 그는 그 어떤 종교보다 성서야말로 도덕성에 초점이 맞추어져 있다고 보았다. 종교를 윤리로 바꾼 것이다. 그리하여 결국 종교적 상상력을 배제하고 근대 인문주의 윤리의 기원이 되었다. 칸트는 윤리 문제를 일관되게 인간의 자유의지로 관철시킨 면에서 『자유의지론』을 쓸 무렵의 아우구스티누스를 완성하는 면이 있다. 그러나 바로 그 점 때문에 칸트가 말한 근본악과 아우구스티누스의 원죄는 다르다. 칸트의 공헌은 종교적 상징을 비신화화하는 데 있었고, 신화와 상징을 합리적인 윤리 언어로 바꾸는 데 있었다.

해석학은 그 점에서 칸트와 다르다. 인간이 자기를 생각하고 이해하는 반성은 해석을 통해 이루어지며, 해석은 상징에 이끌려 이루어진다. 주체가 주도하지 않고 상징의 힘에 이끌려 해석한다. 주체는 해석하지만 해석되는 것이다. 생각하지만 생각된다. 상징의 힘이란 상징이 말하고자 하는 의미의 기원 또는 존재의 힘을 가리킨다. 그처럼 상징의 힘에 이끌려 해석하는 주체는 믿음과 희망의 지성이라고 할 수 있다. 믿음과 이해의 해석학적 순환이 있다. 헤겔의 『정신 현상학』은 죄와 악을 미래적 희망의 구도 안에서 이해한 대표적인 철학이다. 그러나 헤겔의 정신 현상학에서 죄는 악이 아니라 발전을 위한 소외요, 부정성에 불과하고 악은 용서되기보다는 스스로 정당화된다. 악이 은총으로 용서되지 않고 사변에 의해 정당화된다. 아담신화에 인간의 윤리적 책임이 살아 있는 데 비해서, 헤겔에게서 죄는 전체적인 조화를 위한 과정에 불과하다. 개인은 전체의 흐름에 기여하는 우연에 지나지 않으며, 악에 대해 책임질 개인이 사라진다. 그렇게 되면 종말론적 은총의 희망이 사라지고, 정신의 합리적 자기완결의 희망이 있을 뿐이다. 헤겔에게서 존재의 힘은 인간이 만드는 역사 자체 안에 내재해 있다. 그러나 모든 신정론의 실패는 헤겔이 말하는 절대지의 실패다 (372). 그래서 리쾨르는 헤겔의 자리에 종교를 넣는다. 악의 문제 때문에 리쾨르는 의식의 목적론 대신에 그리스도교의 종말론을 넣는다. 나는 무의식과 거룩한 존재에 기대어 있다. 악의 문제 때문에 정신현상학은 거룩의 현상학으로 가야하고, 상징 해석학으로 가야 한다. 리쾨르의 철학은 일종의 한계의 철학이라고 할 수 있는데, 그 점에서 보면 절대지를 말하는 헤겔보다 칸트를 더 선호하는 측면이 있다. 그리스도교의 원죄와 칸트의 근본악과 헤겔의 소외는 모두 희망의 관점을 포함하고 있는데, 그 희망의 근거가 각각 다르다. 말하자면 악과 고통을 극복할 존재의 힘이 각각 다르다. 그리스도교에서는 인간 밖의 사랑의 신에 대한 믿음을 말하고, 칸트는 개인 내면의 이념의 힘을 말하고, 헤겔은 인류 정신의 자기 완결의 역사에서 존재의 힘을 찾는다.

그리스도교의 원죄론은 도덕 양심을 고발하고 도덕주의를 몰아낸다. 도덕주의자들은 인간이 선악을 알고 행할 수 있다고 한다. 그러나 사도 바울은 인간이 선악을 모르고 선을 알아도 행하지 못한다고 본다. 일반적인 도덕양심에 걸리지 않는 악의 문제가 있다. 모두가 다같이 짓는 죄는 죄로 인식하지 않는다. 인간의 생활양식 안에 들어 있는 죄, 삶의 방식이요 존재의 구조가 된 악은 양심에 걸리지 않는다. 그래서 죄짓지 않을 가능성이 없다. 혹시 양심의 가책을 느낀다고 해도 존재 구조가 되어 있는 악을 벗어나기는 어렵다. 그리스도의 원죄는 선과 악에 대한 인간의 무지와 무능을 말한다. 그리고 동시에 죄를 용서하는 사랑의 신을 말한다. 사랑의 신 앞에서만 인간은 자신의 죄의 깊이를 안다. 용서의 은총 안에서 인간은 자신의 죄를 인정한다. 그러므로 사랑의 신학 안에서 도덕주의는 추방되고 인간에 대한 정죄도 추방되며, 동시에 새로운 윤리의 길이 열린다. 자신과 세상의 죄의 깊이를 알면 그만큼 덜 폭력적이고, 초윤리적 사랑의 길로 인도된다. 신앙의 초윤리에서 새로운 윤리가 생긴다. 정죄하지 않고 높은 차원의 윤리를 연다. 칸트와 달리 윤리적 당위에서 희망과 믿음이 생기지 않고, 은총에 대한 믿음에서 윤리로 인도된다. 물론 원죄론은 비관주의로 갈 수도 있고, 프로이트가 비판한 대로 인간의 자기 학대를 유도할 수도 있다. 그러나, 그리스도교의 죄의식은 용서의 은총과 함께만 작동된다. 그러므로 자기 학대를 넘어, 그리고 비관주의를 넘어 인간에 대한 연민과 사회 개혁으로 이어진다. 폴 리쾨르가 사랑의 신이 모든 변증법의 정점이라고 말하는 까닭도 거기에 있다. 사랑의 신을 아버지로 부를 때 그 아버지는 환상이나 우상이 아니라 믿음과 희망의 지성을 낳는 상징이다(394).

7장
종교와 믿음

1. 불트만의 비신화화와 해석의 순환

　루돌프 불트만Rudolf Bultmann은 20세기에 활동한 독일의 신학자이다. 19세기의 자유주의 신학이 지나고 1,2차 세계대전 후 인간의 죄와 신의 은총을 강조하는 신학이 출현한다. 위기의 신학, 변증법적 신학, 신정통주의 신학 등 다양한 흐름으로 불리는 신학 사조의 대표자가 칼 바르트와 루돌프 불트만이다. 불트만은 비신화화 또는 비신화론화라는 용어를 성서 해석학의 핵심으로 부각시켜서 큰 반향을 불러일으켰다. 폴 리쾨르의 해석학 역시 신화를 사실로 보지 않는 비신화화를 포함한다. 그러면서도 신화에 들어 있는 인간의 자기 이해를 살리려고 하는 것이 리쾨르의 의도이다. 그는 신화의 계시의 힘을 인정하고, 신화에 숨겨진 존재의 힘을 찾아내고자 한다, 그것이 해석이다. 그러므로 비신화화는 단순히 비신비화가 아니다. 그 점에서 불트만의 비신화화 작업은 신학 쪽에서 일어난 해석학 운동으로서 주목할 만하다. 칼 바르트와 달리 불트만은 해석의 순환을 알고 있었기 때문이다. 원래 현대 해석학은 성서 해석학에서 시작되었다. 리쾨르는 상징 해석학의 관점에서 루돌프 불트만의 비신화화의 의미와 한계를 다룬다.

그리스도교 전통은 처음부터 해석학적 상황 속에서 출발했다. 초대 교회는 구약성서를 그리스도 사건을 중심으로 재해석하면서 유대교 경전인 구약성서를 그리스도교의 경전에 포함시켰다. 신약성서의 예수와 바울은 성전 중심의 유대교를 비신화화했고, 율법적 신앙을 비신화화했다. 구약의 문헌을 혁명적으로 해석하며 이루어진 일이다. 한편 그리스도교 역사에서 두 번째 해석학적 상황은 성서에 비추어 삶을 해석한 시기다. 사도 바울도 그리스도의 십자가와 부활에 비추어 삶을 해석하고자 했으며, 그런 점에서 두 번째 단계의 해석학의 창시자라고 할 수 있다. 중세에는 내면의 도덕적 관점에서 성서를 해석하고, 그러한 성서 해석의 빛으로 세속의 모든 분야를 조명했다. 그렇게 해서 인간의 정치·경제·문화를 모두 영적이고 도덕적인 의미에 맞추어 형성하고자 했다.

그런데 그보다 더 근원적인 해석학의 문제가 그리스도교 신앙에 들어 있었다. 그것은 그리스도 사건을 인류의 구원 사건으로 선포한 케리그마 자체가 해석 작업의 열매라는 점이다. 케리그마란 예수 그리스도를 대속의 구세주로 선포한 말씀 또는 예수 그리스도와 함께 하나님의 나라가 왔다고 선포한 말씀을 가리킨다. 케리그마는 진리를 선포하는 말씀이지만 일종의 증언이다. 그 증언은 믿음의 고백이다. 나사렛에서 자라고 예루살렘에서 죽은 예수에 대한 초기 공동체의 고백이 복음의 핵심을 이룬다. 그리고 그 믿음을 바탕으로 예수 사건을 증언한 것이 복음을 이룬다. 그런 점에서 증언은 이미 해석이다. 구약성서를 해석해서 예수를 그리스도로 본 초기 공동체의 해석이 증언을 이루고, 그 증언이 믿음을 일으켰다. 그리고 사도와 초기 공동체의 증언이 글로 쓰여서 지금의 성서가 생겨났다. 그리고 오늘날 독자는 글을 통해 말을 듣는다.

다시 말해서 성서의 해석학적 상황은 다음과 같다. 예수 사건이 있었고, 그 사건을 그리스도 사건으로 증언하는 말이 있었고, 그 말이 글로 정착되었다. 그러므로 오늘날의 신도는 글을 통해 살아 있는 말을 듣는데, 그것이 해석 작업이다. 똑같은 문자의미를 지닌 성서로부터 각자 자기 처지에 맞는 말씀을 듣는다. 이른바 성서가 말하고자 하는 말을 통해 자신의 삶을 조명한다. 보편적 케리그마가 각자 자신을 위한 말씀으로 이해될 때, 그때 성서를 이해하는 것이다. 독자의 해석에서 성서는 자신의 임무를 다한다. 그처럼 보편에서 개별로 움직이는 운동은 글이 말로 되는 과정이다. 증언하는 말이 글이 되었다가 그 글이 독자에게서 그를 위한 말씀이 될 때, 성서의 해석학적 과정이 끝난다. 예수를 그리스도로 증언하는 말이 이미 해석인데, 그 말이 글로 된 후에, 그 글을 통해 말을 알아들을 때 다시 해석이 된다. 독자에게서 일어나는 해석의 운동은 결국 예수를 그리스도로 해석한 사도들의 증언이 가리키는 존재의 힘을 얻는 운동이다. 그런데 믿음의 고백의 언어를 거쳐야 믿음의 대상인 존재의 힘에 이른다.

그 존재의 힘은 초대 교회의 고백과 증언의 언어 안에 변치 않고 들어 있다. 성서가 시대를 넘어 보편적인 메시지를 가지는 이유는 거기에 있다. 성서를 읽어서 도달해야 할 부분도 그 존재의 힘이다. 그 존재의 힘은 거룩한 사랑의 신이요, 그리스도이다. 죄의식과 용서의 은총을 주는 신이다. 케리그마의 핵심은 죄와 은총이다. 그리스도교의 역사는 끊임없는 성서 해석의 역사라고 할 수 있다. 시대에 따라 새로운 관점으로 성서를 보고, 개인에 따라 다르게 보기 때문이다. 언어에 실린 존재의 힘은 해석을 통해 시대에 맞게, 그리고 각자의 처지에 맞게 전달된다. 그러나 해석된 이후에도 성서 본문의 문자의미는 여전히 살아 있고, 보편적 메시지도 살아 있다. 보편의 범주 안에서 개별적 의미가 허락된다고 할 수 있다. 그 보편성 때문에 모든 시대의 모든 사람이 누구든 자유롭게 성서를 읽고 자기 처지에서 존재의 힘을 얻을 수 있다. 그리고 그 보편성 때문에 성서는 한 시대의 해석으로 끝나지 않고, 개인 맘대로 아무렇게나 해석해도 되는 것이 아니다. 해석의 큰 방향성이 있고, 그것이 서로 다른 문서의 모음인 성서의 일관성을 만든다. 그리고, 보편적인 해석의 방향성을 합리적인 언어로 만든 것이 교리라고 할 수 있다. 성서 본문이 상징 언어라면, 교리는 합리적 상징이라고 할 수 있다.

이러한 근원적인 해석학적 상황이 드러난 것은 현대의 역사학과 과학과 어원학, 그리고 철학적 비판 방법을 성서 해석에 적용하면서부터이다. 여기서는 삶의 해석과 성서 해석이 일치한다. 성서가 삶을 해석하지만 또한 삶이 성서를 해석한다. 삶의 의미를 말하는 성서가 삶을 해석하지만, 의미를 추구하는 삶이 성서 본문의 의미를 찾아 해석한다. 그리스도의 십자가와 부활이 인간의 삶을 해석하지만, 인간의 실존 이해가 그리스도의 십자가와 부활의 의미를 새롭게 해석한다. 성서는 신의 말이면서 인간의 말이다. 사도 바울이나 중세의 학자들은 전자를 강조하고, 현대의 비판적 지성은 후자만 강조한다. 그러나 폴 리쾨르의 상징 해석학은 삶과 성서의 해석학적 순환을 인정한다. 리쾨르의 해석학적 순환은 정통 신앙에서 볼 때는 철학으로 보이고, 현대의 비판적 지성에서 볼 때는 종교적이고 신비적으로 보일 수 있다. 불트만이 바로 그 해석의 순환을 인정했다는 점에서 리쾨르는 불트만에 주목한다.

해석의 순환이란 믿음과 이해의 순환이다. 믿으려면 먼저 이해해야 하는데, 이해하려면 먼저 믿어야 한다. 믿음이란 신화가 말하고자 하는 존재의 힘에 굽히고 들어가는 것을 말한다. 그런데 그 존재의 힘은 신화라는 상징 언어를 통해 자신을 표현한다. 그러므로 믿으려면 먼저 신화 텍스트를 이해해야 한다. 이것이 믿음과 이해의 순환이다. 텍스트를 이해하는 작업이 해석이기 때문에 해석의 순환이라고 한다. 신화를 중심에 놓고 믿음과 이해의 순환이 펼쳐진다. 이해해야 믿을 수 있다는 말은 텍스트 해석을 통해서만 실존의 바탕인 존재의 힘에 이끌릴 수 있다는 말이다. 믿을 만 해야 믿을 수 있다는 말이기도 하다. 이것은 앞에서 말한 대로 삶이 성서를 해석하는 측면이다. 또 다른 말로 하면, 믿으려면 해석 주체의 의지적인 동의가 있어야 한다.

그런데 종교현상학이 아닌 상징 해석학은 그 이해가 믿

음을 전제로 일어난다고 본다. 종교현상학에는 해석의 순환이 없다. 알아야 믿지 않느냐, 그렇게 말하면서 신화의 의도를 찾아 신화가 말하고자 하는 존재의 힘이 무엇인지 아는 데까지 간다. 그리고 거기서 멈춘다. 그러나 불트만의 그리스도교 해석학이나 리쾨르의 상징 해석학에서 볼 때, 종교현상학에서 말하는 앎은 아직 앎이 아니다. 존재의 힘과 거리를 두고 있어서, 아직 존재의 힘이 무엇인지 알지 못하고 이해하지 못한다. 진리를 이해하려면 믿어야 한다. 다시 말해서 이해의 대상인 존재의 힘에 굽히고 들어가야 이해할 수 있다. 해석해서 이해하려면 텍스트의 후광을 입어야 한다. 다시 말해서 해석을 주도하는 것은 해석자가 아니라 존재의 힘이다. 상징에 이끌려 해석한다는 말도 그것이다. 알아야 존재의 힘에 이끌린다고 하지만, 먼저 존재의 힘에 이끌려야 안다. 그러나 그 이전에 이미 존재의 힘이 이끌고 있으며, 그 힘에 이끌리려고 하는 주체의 동의도 존재의 힘에 이끌려 일어나는 일이다. 의지는 비의지적인 힘 안에서 작동한다. 이것이 해석의 순환이며 이해와 믿음의 순환이다. 해석의 순환의 강조점은 믿어야 안다는 데 있다.

그래서 해석학적 지성은 믿음의 지성이다. 해석의 순환은 이성을 발전시킨 현대인에게 거룩한 존재의 힘에 이끌리는 믿음의 세계를 부활시킨다.

존재의 힘이 해석을 이끄는 것을 가리켜 하이데거는 전이해라고 했다. 전이해는 이해의 일종이기도 하고 믿음의 일종이기도 하다. 해석을 통해 텍스트를 이해하려는 작업 이전에 이미 이해하고 있음을 가리킨다는 점에서 전이해는 이해의 일종이다. 이미 알고 있는 걸 알려고 하는 것이다. 그런데 이미 알고 있는 그 전이해는 존재의 힘에 이끌려 이루어지는 것이다. 그런 점에서 전이해는 믿음의 일종이고, 해석학적 주체는 이미 믿음에서 출발한다. 그러나 해석 작업을 통해 의지적으로 믿음을 승인하여 믿는다. 사도 바울이 말한 대로 믿음으로 믿음에 이른다(로마서 1;17).

다만 해석의 방법 문제가 있다. 이해해야 믿는다고 하는 구절은, 어떤 해석 방법을 쓰느냐에 따라 존재의 힘이 각기 다르게 드러난다는 점을 말하기도 한다. 성서 해석에서도 사회학적 방법이나, 영적인 해석 방법이나, 실존론적 해석 방법이나, 해방신학적 방법에 따라 거룩한 신의 모습이 달라진다. 다시 말해서 같은 사랑과 구원의 신이라고 할지라도 신의 사랑과 구원이 무엇을 의미하는지 다르게 해석될 수 있다. 삶이 성서를 해석하는 측면이다. 이런 방법의 문제 때문에 믿음과 이해의 순환은 진리와 방법의 순환으로서 제대로 순환 관계에 들어간다. 믿어야 안다는 것은 총론이고, 알아야 믿는다는 것은 각론을 가리킨다고 할 수 있다. 다시 말해서 이해하는 방식, 곧 해석의 방법에 의해 각기 다른 모습으로 존재의 힘이 드러나고 믿어지지만, 믿음의 대상인 존재의 힘이 해석과 이해를 이끈다. 신新정통주의 신학자 칼 바르트는 믿음의 우위를 내세우며 존재의 힘, 곧 사랑의 그리스도가 해석을 이끌고 이해를 만든다는 점을 강조했다. 이해한 믿음의 대상에 굽히고 들어가는 것이다. 그러나 불트만은 믿음과 이해의 해석학적 순환을 알고 있었다. 즉 그리스도를 믿어야 성서를 이해할 수 있지만, 성서를 다양한 방식으로 해석하는 해석 작업을 거쳐야 믿음의 대상이 드러난다는 점도 알고 있었다.

불트만이 이룩한 비신화화는 세 단계가 있다. 첫째 단계의 비신화화는 현대의 과학적 세계관으로 복음을 둘러싼

신화적 세계관을 벗겨 내는 일이다. 현대인과 고대인의 문화적 거리에서 생기는 문제이다. 케리그마와 복음은 이천 년 전의 우주관과 종말론의 언어로 표현되었는데, 현대인에게는 받아들이기 어렵다. 현대의 인간관도 비신화화에 영향을 준다. 도덕적 가치판단의 주체가 되고 정치적 주권자로 등장한 현대인의 관점도 성서의 비신화화를 일으킨다. 다시 말해서 성서의 구원관은 주체로서의 인간과 양립하는 한에서만 받아들여진다. 둘째 단계의 비신화화는 하이데거의 실존론적 철학이 일으키는 비신화화이다. 실존론적 해석은 인격적인 신 존재 대신에 철학적 존재의 힘을 찾는다. 그리스도의 케리그마 대신에 존재의 부름을 말한다. 불트만은 하이데거를 가져와 실존론적 결단을 복음의 핵심으로 말한다. 하이데거의 존재의 부름 대신에 하나님의 부름을 말하는 점에서 하이데거와 달리 불트만은 신학자이다. 그러나 하나님의 부름의 결과 일어나는 사건은 그 부름에 답한 결단이다. 결단이란 세상에서 준 정체를 벗고 자기를 비워 참자아가 되는 일이다. 탈세상을 통해 내가 나를 놓고 참나로 나아간다. 이러한 결단은 하이데거에게서 배운 것이다. 불트만은 자기를 부인하는 결단과 무관한 하나님 얘기는 모두 신화라고 본다. 교회에서 흔히 말하는 구원의 하나님은 의지적 결단과 무관한 신이요, 그런 점에서 표상화되고 대상화된 신이고, 그것이 신화이다. 이때 불트만이 말하는 신화는 칸트가 말하는 선험적 환상과 같다. 또는 우상이라고 할 수 있다. 칸트가 인식이 아닌 의지와 관련해서만 신을 말했듯이 불트만은 실존론적 결단과 관련해서만 신을 말한다. 그런 점에서 하이데거와 칸트 철학이 가져오는 비신화화가 불트만에게도 중요한 역할을 한다.

셋째, 불트만의 비신화화는 '믿음으로 의롭게 여김 받는다'는 복음에서 완성된다. 그는 현대 과학의 눈으로 성서에 들어 있는 신화적 세계관을 비신화화하고, 하이데거 철학을 따라 성서의 우주적 종말론을 실존론적 종말론으로 비신화화했다. 그러나 하이데거의 존재와 달리 불트만의 하나님은 사랑의 신이고 용서하는 은총의 신이다. 존재의 부름과 인격적 신의 부름은 다르다. 불트만은 오직 사랑의 신의 부름 앞에서만 인간의 실존론적 결단이 일어날 수 있다고 보는 것 같다. 원초적 긍정의 힘이 은총으로 주어진다고 보는 것 같다. 하이데거 철학은 인간의 한계를 경시했다. 철학에서 말하는 의지와 결단은 인간이 스스로 자기를 정당화하는 행위이다. 그것이 죄의 핵심이고 우상이다. 신이 우상이 아니라 인간이 자기를 우상으로 만든다. 그 우상이 신화이다. 인간이 아무런 자기 공적을 인정하지 않고 믿음으로 말미암아 하나님의 부름에 이끌려 은총의 힘으로 받아들여지는 사건이 복음의 핵심이다. 사도 바울이 로마서에서 강조하고 마르틴 루터가 그리스도교의 핵심으로 삼은 교리, 즉 '믿음으로 말미암아 하나님의 은총으로 의롭게 여김 받음'이야말로 복음 중의 복음이다. 인간의 자기정당화라고 하는 우상을 비신화화해서 마침내 비신화적인 복음에 도달했다. 불트만의 믿음의 결단은 하이데거의 실존론적 결단을 비신화화한다. 그러므로 불트만의 비신화화는 신화적 우주론뿐 아니라 현대의 과학과 철학도 거스른다. 과학과 철학이 일으키는 비신화화를 거치지만, 그러나 다시 믿음의 언어로 과학과 철학을 비신화화한다. 환상과 우상으로서의 신화를 비신화화한다. 하나님을 시공간 속의 존재로 표상화한 선험적 환상으로서의 신화와 우상을 비신화화하고, 자기 의로움에 빠진 철학적 우상도 비신화화한다.

리쾨르가 불트만에게 제기하는 문제가 있다. 하이데거의 존재 대신에 인격적 신을 제시했을 때, 그 인격적 표현은 신화와 상징이라고 할 수 없는가? 이것은 철학자 리쾨르가 신학자 불트만에게 던지는 질문이라고 보아야 한다. 우선 언어철학의 문제이다. 리쾨르 해석학에서는 언어의 객관적 의미를 중시한다. 이것은 구조주의 언어학을 통해 확인했고, 의미론sémantique의 문제로 이어진다. 그런데, 불트만은 언어 문제를 소홀히 하고 실존적 결단만 강조했다. 불트만은 교회에서 많이 사용하는 대상화된 언어들을 비신화화해야 한다고 생각했지만, 복음의 핵심이라고 여긴 언어는 그 자체가 비신화적인 언어라고 했다. 신의 부름과 인간의 응답, 만남과 대함, 신의 은총과 돌보심, 신의 말씀, 신의 역사, 말씀 사건 같은 말들은 신화나 상징이 아니며 다만 유비라고 불트만은 말한다. 하나님은 친구처럼 나를 만나주시고, 아버지처럼 명령하신다. 이처럼 믿음을 신과 인간의 인격적 관계로 표현한 언어들은 '처럼'이라고 빗대어 말함으로써 곧바로 결단을 일으키는 것일 뿐, 그걸 다시 해석할 필요는 없다고 보는 셈이다. 그러나, 각자의 주관적 결단 이전에 객관적 언어의 세계가 있다. 케리그마 역시 언어의 객관적 의미를 거쳐서 주관적인 실존적 의미를 낳는다. 텍스트의 의미는 말씀을 듣는 자의 주관적 결단에 의해 밝혀지지만, 그 이전에 텍스트의 객관적 의미를 거쳐야 한다. 의미론의 순간이 실존적 순간보다 앞선다(441). 텍스트의 객관적 의미는 하나님의 말씀이 우리에게 오는 다리 역할을 하는 셈이다. 곧바로 실존적 결단으로 가는 것은 언어의 객관적 의미를 무시한 너무 성급한 해석 이론이다. 여기서 리쾨르가 말하는 텍스트의 객관성, 곧 시대와 주관에서 독립한 텍스트의 객관성은 보편성과 초월성을 가리킨다고 볼 수 있다. 보편성과 초월성은 의미의 풍요로움을 가리킨다. 케리그마와 성서 텍스트의 풍요로움은 특정한 시대나 특정한 사람의 해석에 의해 고갈되지 않고, 언제든 새롭게 의미 있는 해석을 불러일으킨다. 상징은 생각을 불러일으킨다는 리쾨르 상징 철학의 기본 명제가 케리그마에도 해당된다. 케리그마도 상징 언어로 보아야 한다. 리쾨르가 말하려는 것은 결국 불트만의 실존론적 성서 해석도 케리그마 상징이 기다린 하나의 해석방법일 뿐이라는 점이다.

두 번째 문제는 하이데거의 존재론과 관련된 문제이다. 앞에서 말한 세 단계의 비신화화 작업 중 두 번째 단계에 해당되는 문제이다. 두 번째 단계에서 불트만은 하이데거의 실존론적 결단을 복음의 핵심으로 가져온다. 그러나 리쾨르는 불트만이 하이데거의 인간학 측면만 가져왔고 존재론 측면을 간과했다고 본다. 그것은 불트만이 하이데거의 존재를 너무 쉽게 하나님으로 대체한 데 따른 결과이다. 하이데거의 중립적 존재와 불트만의 인격적 신은 다르다. 불트만은 인격적 신 앞에서의 결단을 비신화적인 차원으로 보는데, 그렇게 되면 인간학적 차원으로 너무 빨리 가 버린 셈이다. 신학은 거룩한 신을 말하지만 인격적 신을 말해서 결국 인간학으로 빠진다. 신학은 인간학인 셈이다. 그렇게 되면 불트만이 말하는 하나님의 말씀도 제 의미를 갖기 어렵다. 성서에서는 "태초에 말씀이 있었다. 말씀이 하나님과 함께 있었고 그 말씀이 곧 하나님이었더라"(요한복음 1:1)고 한다. 말의 시작은 하나님이고, 존재의 힘이 언어를 낳는 힘이다. 그 점을 분명히 하려면 하이데거의 존재론을 더 충실히 따라야 한다는 것이 리쾨르의 주장이다. 불트만은 존재론이 아닌 실존적 결단 차원만을 하이데거로부터 가져와서 언어의 존재론적 차원을 충분히 보여 주지 못했다. 꼭 하이데거 사상을 가져와야 되는 것은 아니지만, 하이데거를 따르려면 더 철저하게 따라야 언어의 기원을 신에게서 찾는 데도 도움이 된다. 다시 말해서 해석을 요구하고 주도하는 것이 케리그마 그 자체라는 점을 보이고 싶다면 하이데거의 존재론에 더 충실하라는 말이다.

리쾨르가 불트만의 비신화화에 대해 제기한 문제는 결국 철학으로 신학을 비신화화하는 차원을 강조한 것 같다. 불트만은 신학으로 철학을 비신화화면서 그의 비신화화하는 해석작업을 완성하고자 했다. 세 번째 단계의 비신화화로 두 번째 단계를 거스른 것이다. 그러나, 신학의 언어들이 다시 철학에 의해 비신화화 되는 운동도 인정해야 하지 않을까? 물론 불트만의 세 번째 비신화화가 리쾨르의 상징 철학을 위해서도 의미가 없지 않다. 죄와 은총의 변증법에서 일어나는 존재의 힘은 하이데거 철학에서 말할 수 없는 부분이고, 거룩의 현상학과 해석학에서 기여할 부분이다. 그 점에서 불트만이 옳다. 불트만의 말대로 신학이 철학을 비신화화하지만, 그러나 다시 철학이 신학을 비신화화는 부분도 살려 놓자는 것이 리쾨르의 주장인 것 같다. 철학이 신학을 비신화화는 작업과 신학이 철학을 비신화화는 작업이 해석학적 순환 관계에 있다고 해야겠다. 철학과 신학의 해석학적 순환은 폴 리쾨르가 신학자가 아닌 철학자로 남기 위한 것이다. 존재의 힘을 거룩한 사랑의 신에게서 찾는 그리스도교 전통을 중시하지만, 그러나 어디까지나 철학자로서 남기 위해서 리쾨르는 철학과 신학의 순환을 말한다.

2. 희망의 케리그마와 종교철학

불트만은 케리그마의 핵심을 지금 여기서의 실존적 결단으로 보았다. 그 면에서는 키르케고르에 충실하고 하이데거에게도 충실한 면이 있다. 그러나 리쾨르는 희망의 케리그마가 현재의 개인적 결단에 그치지 않고, 정치와 역사를 아우르는 측면을 가지고 있음을 본다. 이것은 불트만이 신화라고 버린 우주적 종말론을 다시 살리는 문제이다. 그리스도교의 우주적 종말론이 장차 주어질 자유의 희망이 될 때, 그것은 환상도 아니고 우상도 아니고 상상력이 가져오는 정의로운 세상의 가능성을 가리킨다. 복음의 케리그마는 장차 오실 하나님을 말하며 세상과 역사의 완성을 약속한다. 리쾨르는 독일의 신학자 몰트만Jürgen Moltmann, 1926- 의 사상에 주목하며, '이미'와 '아직 아니'의 변증법이 가져오는 긴장과 희망을 복음의 핵심으로 본다. 하나님의 나라가 이미 시작되었기 때문에 세상에서 가능성을 보고 역사에 참여한다. 그러나 하나님의 나라는 아직 오지 않았기 때문에 세상에 빠지지 않고 비판적 거리를 둘 줄도 알아야 한다. 그런데, 복음은 역사의 마침을 말하며 마침내 있을 완성을 약속한다. 하나님의 말씀은 약속이며, 자유는 그 약속을 믿고 두려움을 떨치고 정의로운 역사에 참여하는 데 있다. 믿음과 희망의 지성이 자유로움을 준다. 세상은 혼란스럽고 인간에게 죄가 많지만, 그러나 죄가 많은 곳에 은혜는 더욱 넘친다. 리쾨르는 복음의 핵심을 '넘침의 경제학'이라고 부른다. 이런 넘치는 은혜에 대한 믿음과 희망으로 역사에 참여하는 데서 자유가 생긴다. 자유는 어딘가로부터의 자유이기도 하지만, 희망을 가지고 어딘가로 향하는 자유이기도 하다. 그것은 칸트의 자율적 의무 윤리에서 생기는 자유가 아니라, 믿음과 희망의 지성이 가져오는 자유이다.

리쾨르가 믿음과 희망의 지성이라고 하는 이유는 종교의 믿음이 생각과 무관하지 않기 때문이다. 그리스도교의 믿음도 지성의 희생이 되어서는 안 되고, 생각 없는 믿음이 아니다. 믿을만 해서 믿는 것이어야 한다. 희망의 케리그마는 의미의 혁신으로 생각을 불러일으킨다. 그래서 철학으로 케리그마에 접근하는 일이 가능하다. 복음은 철학에도 의미효과를 준다. 리쾨르는 신학자가 아닌 철학자로서 복음의 넘침의 경제학을 이해하고자 한다. 종교는 믿음에서 생기는 자유를 말한다. 그런데 철학은 종교적 믿음을 희망의 일종이라고 본다. 그리고, 자유를 향한 이성적 노력의 연장에서 생기는 희망과 믿음을 말한다. 철학에서 볼 때 종교는 자유의 의무와 관련이 있다. 칸트의 종교철학이 그 점을 잘 보여 준다. 신에 대한 믿음과 희망은 자유를 위해 노력하는 이성의 연장에서 이성의 한계와 함께 생긴다. 그러나 하나님의 약속에 대한 믿음과 실천이성의 희망 사이의 거리는 철학적으로 어떻게 받아들일 수 있는가? 이것을 리쾨르는 '의지의 시학'으로 푼다. 그리고 의지의 시학을 칸트의 이성종교에서 찾는다.

칸트가 종교를 다루는 부분은 『순수이성비판』과 『실천이성비판』의 변증론이다. 첫 번째 비판서에서 선험적 환상을 말했다. 나와 자유와 신은 알 수 없다. 나를 안다는 것은 착오라고 칸트는 말했고, 신을 사물화하여 표상화하거나 경험적 앎의 대상으로 생각하는 것은 선험적 환상이라고 불렀다. 신은 알 수 없고 다만 생각할 수 있다. 생각은 무조건적인 것에 대한 인식인데, 이론이성이 아닌 실천이성, 곧 의지와 관련된 인식이다. 실천이성비판 변증론에서 의지의 완성에 대한 희망을 말하고, 그런 희망을 갖기 위한 전제로 선의 전체성, 곧 신을 요청한다. 완벽하게 선한 의지와 복 또는 행복이라는 선이 통합된 것이 선의 전체성이다. 도덕적 선과 그에 대한 보상과 위로가 종합된 선의 전체성을 최고선이라고 부른다. 도덕적 선과 복의 결합은 세상에서 경험될 수 없고 다만 바라볼 수만 있는데Absicht, 그것이 희망의 대상이다. 분석론에서 말한 도덕 의무를 위해 최선을 다하는 자는 의지의 한계에도 불구하고 도덕법에 대한 존경심 때문에 의지의 완성을 내다보게 되고, 완성을 향해 노력하도록 완성된 의지에게 복을 준비한 신을 바라보게 된다. 최고선의 최상원리(이마누엘 칸트 저, 백종현 역, 『실천이성비판』, 아카넷, 2009, 277쪽)인 신은 교리로 알려지거나 표상화될 수 있는 존재가 아니라, 의지의 자유를 위해 요청되고 희망된다. 그러므로 텅 빈 이론이성의 신 개념에 실천이성이 도덕적 의미를 부여한다. 신은 도덕적 세계의 창시자로 이해되어야 하며, 그러한 신의 객관적 실재성이 도덕을 위해 필연적인 조건이고, 전제이다(『실천이성비판』, 294쪽). 신의 존재는 도덕적 마음씨에서 저절로 발생한 것이다(『실천이성비판』, 300쪽). 다시 말해서 도덕성과 복의 종합은 경험적으로 일어나는 일이 아니고, 실천이성은 자유를 위해 선천적으로 신을 생각하고 있다. 생각이므로 지성이다. 다시 말해서 요청은 어떤 면에서 이론이성의 확장이고 인식의 확장이다. 그러나 인식의 대상인 신은 오직 실천이성과 관련해서 도덕에 의한 도덕을 위한 객관적 실재성을 말할 수 있는 실체이다. 이론이성은 실천이성 덕분에 신이 존재한다는 정도를 알 뿐인데, 그걸 생각이라고 한다. 이론이성이 생각만 했던 이념(자유와 신)에게 객관적 실재성을 주는 것은 실천이성이다. 그러므로 이론이성으로는 신이 그 자체로 무엇인가 인식하지 못하고 신에 대해 사변할 수도 없다. 인식의 확장, 사변이성의 확장은 사변의 확장은 아니다(『실천이성비판』, 279쪽). 실천이성이 이론이성에게 가져다주는 인식의 확장은 실천을 위해 사용될 수 있는 데, 도덕과 관련되어 신을 생각하지 않는 미신이나 광신을 배척하는 데 사용할 수 있을 정도의 신 인식이라고 할 수 있다(『실천이성비판』, 281쪽). 칸트의 신 인식은 실천이성의 희망과 연관된 인식이므로, 희망의 지성이라고 할 수 있다.

리쾨르는 원래 해석학적 지성을 가리켜서 믿음과 희망의 지성이라고 한다. 존재의 힘에 이끌려, 그러나 자기 생각을 가지고 자기 나름대로 진리를 이해하고 자기를 이해하는 지성을 가리켜 믿음과 희망의 지성이라고 한다. 그러나, 리쾨르가 칸트에게서 희망과 믿음의 지성을 찾는다면, 그것은 몇 가지 의미가 있다. 첫째, 최고선의 이념이 오직 의지의 자유라는 이념과 관련되어 있으며, 사변이성은 그 이념들에 생각이 미치나, 아무런 사변도 할 수 없고 알 수 없다. 그 인식은 "초 감성적인 것의 나라에 대한 전망Aussicht이라고 할 수 있으며, '단지 희미하게 보는 것'이다"(『실천이성비판』, 303쪽). 도덕실천에서 생긴 완성과 복의 희망에서 신 존재의 필연적 객관성을 생각하게 된다. 그 희망의 지성에서 자유가 가능하다. 희망의 지성은 자유의 전제요, 조건이다. 둘째, 그러므로 칸트의 의지의 철학은 헤겔의 의지의 철학과 다르다. 헤겔은 이성의 자기완결적인 절대지를 말했는데, 실천이성의 한계 때문에 희망을 말하고 믿음을 말한다. 알지 못하고 믿을 뿐이며, 믿음과 희망을 전제로만 자유를 말할 수 있다. 셋째, 상징 철학에서 말했던 희망과 믿음의 지성을 칸트에게서도 본다. 케리그마의 종말론적 약속이 칸트에게서는 실천이성의 변증론에서 보이는 자유와 복의 결합이다. 이것은 단순히 의무의 문제가 아니라 인간의 존재욕망의 실현을 바라보는 희망이다. 리쾨르가 말하는 존재욕망은 여러 가지로 설명될 수 있지만, 자유와 행복의 결합으로 설명될 수도 있다(379). 실천이성비판의 변증론은 자유와 행복의 결합을 신 존재와 연결시켜 말한다. 윤리를 의무에서 보지 않고 이처럼 존재욕망에서 볼 때 윤리의 종교적 측면이 부각된다. 도덕적 의무는 존재욕망과 노력 속에 들어 있는 하나의 차원일 뿐이다. 도덕 의무는 욕망의 2차 기능이다.

그러나 칸트의 믿음과 희망의 지성은 해석학적 순환이나 상징 철학과 관련이 없다. 다시 말해서 이성의 한계 안에서의 종교에는 해석의 순환이 없으며 이성으로 신화를 제거한 비신화화 작업이라고 할 수 있다. 칸트가 말하는 믿음의 지성은 이성 신앙의 지성이고, 도덕의 요청에 의해 생겨나는 지성이다. 칸트의 신은 해석을 이끄는 존재의 힘이 아니라 최고선의 원리로서 이성, 곧 실천이성에 봉사할 뿐이다. 엄밀히 말해서 칸트에게 존재의 힘은 도덕적 의무 그 자체이다. 의무를 부과하는 도덕이념 그 자체가 힘을 가진다. 그러므로 칸트의 희망은 복음이 주는 케리그마의 희망과는 다르다. 케리그마는 넘치는 은총으로 말미암은 자유를 말한다. 의롭게 여김 받음justification이나 성화sanctifiation의 경우에나 똑같다. 칸트는 영혼불멸을 말함으로써 장차 있을 신의 나라에 대한 희망을 말했지만, 그가 말한 신의 나라는 어디까지나 실천이성의 연장에서 펼쳐지는 세계이다. 도덕이념의 명령 그 자체가 힘을 가지며 존중심을 불러일으켜 의지의 완성, 곧 성화의 의무를 느낀다. 그러나 아우구스티누스에게서 인간의 성화는 신의 나라에서 신의 은총으로 이루어질 일이다. 칸트는 성화의 연장에서 신을 생각했으나, 복음은 신의 넘치는 은총 안에서 성화를 생각한다. 칸트에게서는 도덕이 믿음을 낳지만, 복음에서는 믿음이 도덕을 낳는다.

물론 리쾨르는 칸트의 신이 은총을 철학적으로 말한 것이라고 본다. 칸트가 말한 신은 자연의 나라와 도덕의 나라를 통합시키는데, 그 종합은 이율배반으로 우리 능력 바깥에서 일어나는 일이다. 그러므로 신 존재의 희망은 은총에 대한 희망이라고 할 수 있다. 그리스 철학자들은 의무의 분석에서 도덕과 행복을 모두 말하고자 했다. 그러나 칸트는 그 둘의 결합을 신의 나라에서 일어나는 일이요, 그것을 희망과 믿음의 대상으로 본다. 그 점에서 리쾨르는 칸트가 그리스적이기보다 그리스도교적이라고 본다. 『실천이성비판』에서 자유의 완성이라는 이념은 신의 은총이 아니요, 오직 선험적 의무이다. 그러나 행복은 인간의 능력 바깥의 것으로서 이성 바깥의 신 존재를 요청한다. 행복이 도덕적 이념과 결합되어 있다는 점에서 칸트의 최고선은 이성의 한계 안에 있지만, 그러나 행복이 도덕과는 별개의 것인 점에서 이성 밖의 은총을 기대한다. 도덕성에 복으로 화답할 수 있는 은총의 존재가 신이다. 그리고 그런 신이 있어야 인간은 도덕이념을 향한 의무를 다할 수 있다. 신 존재가 의무 완성을 향한 노력의 '전제'요 필연적 '조건'이 된다고 한다. 이것이 칸트의 신 존재 증명이고 신 존재의 선험적 연역이다. 선험적 이성사실로부터 신 존재가 연역된다. 자유의 이념이 인간에게 부과한 의무라고 하는 이성 사실이 있는 한, 신을 생각할 수밖에 없다. 악의 성향이 제거되어 저절로 도덕법에 따르게 되는 자유, 이것은 아우구스티누스가 말한 죄지을 수 없는 자유non posse peccare에 해당된다. 칸트는 그런 자유를 적극적 자유라고 불렀고, 거기서 의무는 완수된다. 그런데 신 존재가 의무의 전제가 된다면, 은총이 자유를 낳는다고 해야 할지 모른다. 그러나 칸트에게서 의무 완성의 동기는 여전히 의무일 뿐이고 존재의 힘은 의무 그 자체에 있다. 명령하는 도덕법과 의지 완성의 이념이 그 명령을 이행할 힘을 가지고 있다. 자유의 완성이라고 하는 이념의 객관적 실재성 역시 의무에서 생긴다. 신학에서는 신의 약속과 은총의 세계 안에 속함으로 자유가 있다고 보는데, 칸트가 말하는 자유는 의무의 완성일 뿐이다. 그렇게 칸트의 도덕철학은 종교철학이 되며, 신학으로 가지 않는다. 리쾨르가 칸트의 변증론을 가지고 의지의 시학이라고 하는 이유는, 칸트에게서 이성 사실과 은총의 세계가 종합되어 있기 때문이다. 복 주시는 신의 은총이 의지의 노력을 위한 전제가 된다. 또 한 가지를 말한다면, 그리스도 상징이다. 케리그마는 그리스도 사건을 증언하며 그 속죄의 사건을 믿지 않는 것을 악의 핵심으로 본다. 도덕 계명을 어기는 게 죄가 아니라 믿음 없음이 죄다. 그러나 종교철학은 역사적 증언에는 관심 없고, 그리스도를 존재욕망의 완성의 상징, 곧 최고선의 상징으로 받아들인다. 좀 더 정확히 말해서 성서의 그리스도는 최고선의 유비요, 또는 도식이다. 자유와 행복의 결합이 표상화된 것이 예수 그리스도이다. 그리스도의 십자가는 자신의 뜻을 쳐서 하나님의 뜻에 복종시키는 의무의 완성을 상징하고, 그리스도의 부활은 행복을 상징한다고 보면, 그리스도는 최고선의 상징이다. 다시 말해서 사람은 최고선을 생각하게 되는데, 표상화된 그리스도를 통해 유비적으로 그리스도를 생각한다. 칸트에게서는 나는 생각한다가 모든 표상을 따라다니고, 모든 표상은 나의 생각과 연관이 있다(266). 그리스도에 대한 생각은 신에 대한 생각과 마찬가지로 앎은 아니고, 이성의 희망과 연관된 생각이다. 리쾨르는 그리스도를 희망의 도식(377)으로 본다. 도식과 유비로 생각되는 원형이 우리 안에 있어 의지에 영향을 미친다. 어떻든 『실천이성비판』 변증론에서 거론하는 신과 『이성의 한계 안에서의 종교』에서 다루는 그리스도 원형에서 보면, 도덕적 의무는 존재욕망의 완성에 대한 희망과 상상력의 큰 구도 안에 포함되어 있으며, 그 자체로 따로 독립할 수 없다. 이것을 도덕 의무의 비신화화라고 할 수 있다.

물론 칸트에게서 의무 수행을 향한 의지의 힘, 곧 동기는 의무 그 자체에서 나온다. 칸트가 신을 말하지만 존재의 힘은 요청되는 신에게서 나오지 않고 인간의 도덕적 의무 그 자체에서 나온다. 그럼에도 불구하고, 칸트가 복의 조건으로 도덕을 말하고, 도덕의 조건으로 신을 말한다면, 신의 은총과 인간의 의지적 노력의 순환관계를 말해야 될지 모른다. 도덕적 노력이 신의 은총의 조건이 되지만, 신의 은총이 도덕적 노력의 조건이 되기도 한다. 리쾨르가 칸트를 가지고 의지의 시학을 말한다면, 이성과 믿음의 순환관계를 말해야 할 것 같다. 매우 옅은 순환이긴 하지만 말이다.

그런데 칸트의 도덕철학에는 또 다른 차원의 은총이 있다. 그것은 속죄의 은총이다. 의지의 완성을 향해 나가는 노력 속에 포함되는 은총이다. 장차 벌어질 희망의 대상으로서의 은총이 아니라, 매 순간 필요한 은총이 속죄의 은총이다. 이 문제는 뿌리 깊은 악의 성향 때문에 생기며, 『이성의 한계 안에서의 종교』에서 다루는 주제이다. 사실 『해석의 갈등』에서 리쾨르는 이 문제를 다루지 않는다. 그가 말한 희망은 『실천이성비판』의 신 존재에 집중되어 있다. 그러나 근본악 때문에 자유의 완성을 향한 전진이 매 순간 저지되는 문제를 칸트는 지적하며, 속죄의 은총을 언급한다.

자유의 완성은 의무이기 때문에 가능하지만, 뿌리 깊은 악 때문에 불가능하다. 이런 불가능한 가능성 때문에 자유의 완성 또는 의무의 완성 또한 희망의 대상이다. 인간은 의무의 완성에 따라 복 받기를 희망할 뿐 아니라, 의무의 완성 그 자체도 희망의 대상이다. 그래서 의무의 완성을 향해 나가는 과정에도 죄를 용서해 주는 은총의 신이 요청된다고 해야 할지 모른다. 칸트는 그리스도교의 속죄론의 의미를 실천이성에서 찾는다. 속죄론은 인간의 도덕적 자기완성, 즉 자유의 완성을 향해 필요한 교리라는 얘기이다. 그렇다면 여기서 발생하는 자율성과 은총의 이율배반은 어떻게 해야 할 것인가? 자유와 행복의 결합이라고 하는 이율배반은 신 존재의 요청을 낳았는데, 자율적 의무와 속죄의 은총의 이율배반도 신 존재 요청을 낳는가? 그렇지는 않다. 칸트는 자율과 은총의 이율배반은 겉으로 그렇게 보일 뿐이라고 한다. 죄 사함의 은총은 이성이 이미 준비한 것이다. 다시 말해서 진짜 은총은 도덕성과 복의 결합을 가능하게 하는 것이며, 죄 사함의 은총은 의무 자체의 자기 작용에 지나지 않는다. 그런 까닭에 리쾨르가 의지의 시학에 속죄의 은총을 넣지 않은 것 같다. 다시 말해서 의롭게 여김 받음justification의 문제를 칸트는 신의 은총에 대한 희망 없이 풀려고 하며 다만 최고선, 곧 성화sancification와 결합될 복과 행복의 문제와 관련해서만 신의 은총을 끌어들인다. 그리스도교 신앙은 칸트와 다르다. 로마서에서 사도바울이 강조하는 은총은 속죄의 은총으로 죄인이 의롭게 여김 받는 문제이다. 성화는 그 다음에 진행되는 일일 뿐이다.

그리고 리쾨르는 칸트가 『이성의 한계 안에서의 종교』에서 말하는 근본악의 문제를 거짓 종합에서 찾는다. 속죄의 은총의 문제는 의무 이행의 과정에서 생기는 문제이다. 다시 말해서 의무 분석론과 관련된 것이다. 흔히 근본악이라고 하면 그 점을 가리킨다. 그런데 리쾨르는 칸트가 말한 진짜 근본악은 변증론과 관련이 있다고 본다. 변증론은 종합을 말하는데, 앞에서 보았듯이 실천이성의 변증론은 도덕과 복(행복)의 종합을 말한다. 이 종합이야말로 이성의 능력 밖이며 그래서 신의 존재를 요청하게 된다. 그런데, 바로 그 신에 대한 신앙에서 가장 근원적인 근본악이 있다. 흔히 교회는 복 주는 신을 말하며 그러한 신을 믿으면 복을 받고 죄 사함도 받는다고 말한다. 도덕성을 향한 의지의 노력 없이 신에 대한 믿음을 말한다면, 칸트가 볼 때 그것은 거짓 신앙이요, 거짓 종교이다. 인간은 도덕성과 복이 종합되기를 희망하는데, 그 희망이 거짓 종합을 낳는다. 교회는 거짓 종합의 기관으로서 인간의 뿌리 깊은 악이 드러나는 곳이기도 하다. 이런 면은 칸트의 이성 종교가 기존 종교를 비신화화하고 있음을 알려 준다.

8장
나가는 말

『해석의 갈등』에서 리쾨르는 여러 가지 해석 방법이 부딪치고 얽히는 모습을 보여 준다. 인간의 자기 이해는 해석을 통해 이루어진다. 표현된 인간의 행위, 즉 작품과 언어와 문화적 산물을 해석하고 이해하면서 인간은 자기를 이해한다. 해석이란 상징을 해석하여 의미의 기원이 되는 존재의 힘과 교통하는 일이다. 해석을 통해 존재의 힘을 얻고 자기를 가능성으로 이해한다. 그러면서 삶의 의미를 찾는다. 리쾨르의 해석학은 삶의 의미를 찾고 구원의 힘을 얻기 위한 철학이다. 존재의 힘, 자기 이해, 삶의 의미. 이런 말들이 리쾨르 해석학을 이해하는 데 기본적인 용어들이다.

물론 존재의 힘이나 삶의 의미 같은 말은 리쾨르가 별로 사용하지 않는다. 존재, 삶, 의미, 이런 말들이 흩어져 있지만 리쾨르가 몇 번 사용하지 않은 존재의 힘이라는 말을 나는 매우 중요한 말로 보고 리쾨르의 생각을 정리했다. 존재의 힘은 인간을 고통과 억압에서 구원할 수 있는 힘을 가리킨다고 보면 될 것 같다. 또는 무의미로부터 해방시키는 힘이라고 할 수도 있겠다.

그런데 리쾨르는 해석이 다양한 학문에 의해 다양한 방식으로 이루어지고 있음에 주목한다. 무의미가 있는 곳에서 의미를 찾으려는 해석학적 노력은 프로이트의 정신분석학과 헤겔의 정신현상학 그리고 그리스도교의 신학에서 찾을 수 있다. 프로이트는 무의식의 표상을 해석하여 퇴행의 운명에서 벗어나 의식을 확장함으로써 억압과 무의미에서 벗어나고자 한다. 헤겔의 경우에는 소외를 변증법적 발전의 계기로 보면서, 의식 너머의 절대정신에서 존재의 힘을 찾는 면에서 프로이트와 반대 축에 선다. 리쾨르는 헤겔과 함께 존재의 힘을 미래에 두고, 미래에 대한 희망의 빛에서 과거의 억압을 치유할 수 있다고 봄으로써, 프로이트를 철학적 인간학으로 끌어들인다. 한편 종교현상학은 거룩한 신에게서 존재의 힘을 찾는데, 실존이 그 존재의 힘에 이끌려 자기를 확인하는 활동, 곧 해석은 없다. 리쾨르는 종교현상학을 넘어 그리스도교 신학에 주목한다. 그리스도교 전통은 성서의 신화를 해석하여 사랑의 신의 은총에 대한 믿음으로 죄의 노예 상태라고 하는 무의미에서 벗어나 자유를 찾는다. 다만 리쾨르는 종교철학자로서 그리스도교 신학에 접근한다. 그래서 칸트와 아우구스티누스를 비교한다.

리쾨르의 해석학은 직접적인 자기 이해를 말하는 코기토를 수정하여 상처 난 코기토를 만든다. 그러나 상처 난 코기토라도 여전히 코기토의 모습은 있으니 반성철학의 전통은 리쾨르에게서 여전히 중요하고, 주체도 중요하다. 다만 리쾨르의 주체는 해석학적 주체이고, 존재의 힘에 이끌리는 주체이다. 다양한 존재의 힘을 포괄하기 위해 리쾨르는 하이데거의 존재론을 가져온다. 그러나 리쾨르는 하이데거와 달리 다양한 해석 방법과 진리의 순환을 말한다. 진리, 곧 존재의 힘은 표상이나 언어로 터져 나와 텍스트가 되고, 주체는 텍스트 해석을 통해서만 진리에 다가간다. 언어의 의미를 매개로 삶의 의미가 드러난다. 그러므로 텍스트를 가운데 두고, 주체의 의식과 의식 너머의 존재의 힘은 순환관계에 있다. 그 순환은 방법과 진리의 순환이다. 언어와 텍스트를 해석하기 위해 주체가 취하는 해석 방법에 따라 존재의 힘은 각기 다른 모습으로 드러난다. 정신분석에서는 무의식이 존재의 힘으로 드러나고, 정신현상학에서는 절대 정신이 존재의 힘으로 드러나고, 종교현상학에서는 거룩한 신이 존재의 힘으로 드러난다. 그처럼 진리에 접근하는 해석 방법에 따라 존재의 힘이 각기 다르게 드러나기 때문에 하이데거의 존재론은 조각난 존재론이 된다. 상처난 코기토와 조각난 존재론이 종합되어 리쾨르의 해석학을 만든다. 『해석의 갈등』에서는 그리스도교에서 말하는 사랑의 신을 가장 포괄적인 존재의 힘으로 보는 것 같다. 프로이트의 정신분석적 해석 방법과 헤겔의 정신현상학적 해석 방법이 그리스도의 케리그마 안에서 통합되는 것처럼 보인다.

해석의 순환, 곧 방법과 진리의 순환은 진부한 순환이 아니다. 거룩한 존재의 힘에 대한 희망과 믿음을 잃어버린 서구의 근대를 수정하려는 의도가 리쾨르의 해석학적 순환에 들어 있다. 근원적인 존재의 힘을 의식이나 의지 너머에서 찾는 것 역시 근대의 합리성을 넘어 신비를 되찾으려는 노력이다. 방법과 진리의 순환은 주체와 주체의 바탕이 되는 존재의 힘과의 순환이며, 이해와 믿음의 순환이고, 의지와 비의지의 순환이고, 이성과 신앙의 순환이기도 하고, 생각하는 생각과 생각나는 생각의 순환이고, 철학과 신학의 순환이고, 성서와 삶이 서로를 비추어 주는 순환이기도 하다. 그런 순환은 이성의 시대에 믿음을 말하고, 자율적 의지를 주장하는 시대에 비의지를 말하고, 비신화화의 시대에 삶의 신비를 말한다. 이성과 자율적 의지와 비신화화를 버리지 않고, 이성의 힘으로 그 너머의 신비를 찾는다. 그때에 이성 너머의 존재의 힘이 이성을 이끌었다는 점을 알게 될 것이다.